Gisela Keil / Jürgen Becker

Die Kunst der Beete

Gisela Keil / Jürgen Becker

Die Kunst der Beete

Fantasievolle Gartengestaltung mit Duft, Farben und Formen

DVA

Inhalt

Die Komposition der Beete im Garten

Die Lage im Garten

Wo immer man Pflanzen im poetischen Miteinander genießen will, sind Beete angesagt. Hier werden Blumen und Gehölze, Zier- und Nutzpflanzen zum Spielball von Kreativität und Fantasie und zum Stilmittel der Gestaltung. Ganz gleich, ob sie in Rabatten Wege (oben), Zäune und Mauern flankieren, Terrassen und Sitzplätze mit sinnlicher Farbenpracht und Düften umschmeicheln (linke Seite), unter Bäumen und anderen schattigen Bereichen oder am Teich zu malerischen Impressionen verlaufen, Beete sind Stimmungsträger, die dem Garten sein individuellstes Gepräge verleihen.

Beete als Wegbegleiter und Rabatte

Wer kennt ihn nicht, den sehnsuchtsvollen Gartentraum, durch überbordende Blütenfülle voll Duft und Farbe zu schreiten! Beflügeln doch Blumen die Seele und entführen unversehens ins Reich der Sinne.

Beete entlang von Wegen sind das gestalterische Mittel für diesen Zweck und lassen solche Wünsche Wirklichkeit werden. Mit ihrem horizontalen Grundriss können sie den Garten flächig strukturieren, aber auch durch Farben und Formen der Gewächse zu plastischen Raumelementen werden. Die malerische Vielfalt und die kunstvollen Kombinationen der Pflanzen verleihen Beeten einen erhöhten Erlebniswert und eine verdichtete Sinnlichkeit im schillernden Wechsel der Jahreszeiten.

Dennoch sollten Eeg begleitende Beete nie allein für sich, sondern größenmäßig, stilistisch und farblich stets zusammen mit dem Weg, seinem Belag und Verlauf, konzipiert werden. Denn nur zusammen mit ihm entsteht das gewünschte Gesamtbild, sei es nun ein repräsentativer Boulevard oder ein lauschiger Erlebnispfad.

Gestalterische Möglichkeiten

Beete und Wege können vielfältige Kombinationen miteinander eingehen:

Beete können sowohl gerade wie schwingende Wege beid- oder einseitig flankieren. Sie können dabei als Flächen in formalen Gärten rechteckig und symmetrisch angelegt sein, in frei gestalteten Gärten hingegen auch in unregelmäßigen Schwüngen verlaufen.

Beete können aber auch als mehr oder minder breites Schmuckband den Weg begleiten. Diese Rabatten, die den Weg ein- oder zweifach säumen, haben innerhalb des Gartens intimen Charakter und können, da sie vorwiegend dem privaten Genuss gewidmet sind, auch klein- und zartblütigen Pflanzen den Vorzug geben. Neben Einfahrten, im Vorgarten oder am Zaun, wo sie eher repräsentative Funktion besitzen, sollte man besser Pflanzen mit reichem Blütenansatz oder plakativen Blüten wegen der Fernwirkung wählen.

Auch durch die gegenseitigen Größenbezüge von Weg und Beet lassen sich recht unterschiedliche und interessante Wirkungen erzielen. Schmale, farblich dezente Beete zu beiden Seiten eines Weges ordnen sich diesem unter und unterstreichen dessen Verlauf und Belag – eine Wirkung, die übrigens auch streng formierten Buchseinfassungen eigen ist. Breite Beete hingegen bieten dem Auge vielfältige Sinnesreize und lenken vom Weg ab, vor allem wenn die Pflanzen der Beetränder frei in ihn hineinschwingen dürfen.

Teppichbeete und Rabatten

Wird ein Weg begleitendes Beet teppichartig
niedrig gehalten, entsteht ein Gartenbereich von
lichter Weite. So gestaltet man gerne farblich auf-
lockernde Blumenbänder in Nutzgärten, deren
niedriger Flor verhindert, dass das Gemüse dahinter zu stark schattiert wird. Auch in viktorianischen Gärten begegnete man häufig Teppichbeeten, die oft in kunstvollen Ornamenten bepflanzt
waren. Da längere Beete dieser Art eintönig wirken, lockert man sie durch vertikale Strukturen
auf, wie Hochstämmchen, hohe Stauden und
Gehölze oder mit Kletterpflanzen an Obelisken.
Solange diese Höhenelemente schmal und klein-

kronig bleiben, erhält auch die darunter liegende
Pflanzung noch genug Licht für Sommerblumen
und die sogenannten Beet- und Prachtstauden.
Im Unterschied dazu verlaufen klassische Rabatten vom Weg aus stufig ansteigend nach hinten,
wo sie oft von Mauern, Schnitthecken oder lockeren Gehölzen begrenzt werden. Steigen sie beidseitig des Weges steil an, erwecken sie den Eindruck eines schluchtartigen Korridors, der als
eigener Gartenraum beim Durchschreiten die
Aufmerksamkeit ganz auf die meisterliche Bepflanzung lenkt. Die Alternative sind einseitige
Rabatten, die sich vorne zum Weg oder Rasen
hin öffnen und wie ein Kragen den Grenzen des

Gartens oder eines Gartenbereichs als abschließender Höhepunkt vorgelagert sind.

Klassische Staudenrabatten benötigen viel Sonne und brillieren durch malerische Kombinationen von Blüten- und Blattschmuckstauden, die mit ihren unterschiedlichen Blütezeiten je nach Pflanzenwahl für eine beständige oder sich wandelnde Farbigkeit sorgen.

Mit längerer Blütezeit als die klassische Staudenrabatte begeistert die Mixed Border, die gemischte Rabatte, in die neben Stauden und Gräser auch frühblühende Zwiebelblumen, Sommerblumen, Rosen und Gehölze einbezogen werden. Während immergrüne Gehölze, wie Buchs, dem Beet dauerhafte Strukturen verleihen, kann man mit Sommerblumen Lücken im Beet anmutig füllen.

Aber auch in Schatten und Halbschatten sind Rabatten möglich mit Gehölz- oder Gehölzrandstauden, die meist eher durch ihre Blatteffekte als durch ihre Blüten bezaubern. Sogar reine Gehölzrabatten ergeben malerische Gartenbilder, wenn sie einen Weg unter hohen Bäumen mit Rhododendren, Azaleen und Koniferen säumen.

Ganz oben: *Herbstliche Rabatte, in der Wildstauden in begrenzter Zahl, allem voran Diamantgras (*Achnatherum brachytrichon) *und Purpurdost (*Eupatorium) *in rhythmischer Wiederholung den Ton angeben.*
Oben: *Eine Bank im wogenden Blütenmeer einer breiten Rabatte lässt in Blütenträumen schwelgen.*

Tipp: Praxis der Rabatte

▷ Um ihren Zauber zu entfalten, sollten Rabatten mindestens 2 m breit und 5 m lang sein.

▷ Breite Rabatten schon bei der Anlage mit Durchgängen oder Trittsteinen für Pflanzung und Pflege zugänglich machen.

▷ Je vielfältiger die Rabatte, desto ruhiger sollte der rahmende Weg sein. Rasengrün ist ideal.

Beete an Terrassen und Sitzplätzen

Beete an Freisitzen müssen einen Großteil unserer Wünsche an diese erfüllen: So ist dem archaischen Sicherheitsbedürfnis nach Rückendeckung und Privatheit Rechnung zu tragen, zum anderen sollten sie ermöglichen, in stimmungsvollen Pflanzenbildern, Blütenfarben und Duft zu schwelgen.

Blumige Erholungsqualitäten

Das frühsommerliche Gaukelspiel von Iris (Iris germanica), Akeleien (Aquilegia) und Baumlupinen (Lupinus arboreus) beweist, dass Beete Freisitze anmutig bereichern. Darüber hinaus vernetzen sie Bank oder Sitzgruppe mit dem Garten, so dass diese charmant integriert wirken.

Während an Terrassen das angrenzende Haus bereits ein gewisses Maß an Geborgenheit verspricht, müssen bei Sitzplätzen im Garten dafür erst die Voraussetzungen geschaffen oder gesucht werden. Ein Beet mit Sträuchern, Rosen, hohen Stauden und Gräsern, eine Schnitthecke, Rankgerüste mit Kletterpflanzen oder das Laubdach hoher Bäume sorgen hier für grün ummantelten Schutz von hinten, oben oder von der Seite. Damit Terrasse und Sitzplatz aber vollkommenen Gartengenuss bescheren, zieht man die Beete bis nahe an sie heran. Mit Pflanzen und Duft bieten sie ein Elysium, in dem Seele und Sinne den Alltag hinter sich lassen und entspannen können. Gleichzeitig locken sie geflügelte Gäste an, deren Lebensformen sich ebenso wie die der Pflanzen herrlich aus der Nähe beobachten lassen. Bei der Planung muss jeder Gartenbesitzer entscheiden, ob das Beet frontal oder gar im Halbrund an Terrasse oder Sitzplatz anschließt und wo der Zugang angelegt wird. Er kann sowohl durch das Beet als auch seitlich um es herum führen. Die Alternative sind zwei Beete, die den Freisitz nur seitlich rahmen und dadurch einen großzügigen, breiten Gartenzugang ermöglichen.

Gestaltete Übergänge

Terrassenbeete sind die Nahtstelle, an der sich Garten und Architektur direkt begegnen. Damit dieser Übergang von der baulichen zur floralen Welt nicht abrupt ist, sollte man scharfkantige Zäsuren vermeiden. So können Terrassenbeläge in schrägem, versetztem oder schwingendem Verlauf ins Beet übergehen. Meist werden Terrassen jedoch immer noch rechteckig angelegt. Hier lassen sich gerade Zäsuren durch Randpflanzen des Beetes, die in die Terrasse hineinwogen oder durch Gruppen von Topfpflanzen kaschieren. Besonders romantisch wirken Terrassen, wenn das Grün des Gartens durch Kletterpflanzen bis ans Haus auslaufen und an diesem emporklettern darf. Ob Kletterrose, Clematis oder Wilder Wein, all diese Ranker werden in Terrassenbeeten wurzeln und können seitlich ein Sicht- und Windschutzspalier erobern, um dann aufs Haus überzugreifen, direkt an die Hauswand gepflanzt werden oder frontal davor an den Pfosten einer im Beet verankerten Pergola emporklimmen. Da Klettergehölze oft im unteren Bereich verkahlen, sollte man ihnen sommerlang attraktive Pflanzen, wie Lavendel oder Bartiris, zu Füßen legen.

Bepflanzungstipps

Terrassenbeete müssen mit besonderer Sorgfalt gestaltet werden, da sie wie kein anderes Beet das ganze Jahr im Blickfeld liegen. Sie sollten deshalb in jeder Saison den Blick verwöhnen. Dies gelingt im Frühjahr mit Zwiebelblumen, von Sommer bis Herbst durch Sommerblumen und

Ganz oben: Unterm grünen Baldachin eines Laubbaumes hat sich ein Schattenbeet mit Farnen, Funkien (Hosta) und Gelbem Lerchensporn (Corydalis lutea) wildhaft herausgeputzt.
Oben: Die Sonnenlage dieser Terrasse kommt einem Duftbeet zugute, dessen Blüten und Wohlgerüche sich mit der Kletterrose 'New Dawn' an der Hauswand verweben. Da man sie aus der Nähe genießen kann, kommen auf Terrassen auch zierliche Blüten zur Wirkung.

Stauden, während sich immergrüne Gehölze und Efeu zu allen Jahreszeiten dekorativ präsentieren. Folgende Kriterien sind zu bedenken:

▷ Duft. Kräuter und duftende Pflanzen verzaubern Tage und Sommernächte mit süßem Duft.

▷ Farben. Harmonische Farben wählen. Damit das Auge nicht irritiert wird, auf grelle Kontraste oder Kunterbuntes verzichten.

▷ Höhe. Vorwiegend niedrige und halbhohe Pflanzen wählen, um den Blick in den Garten nicht völlig zu verbauen.

▷ Blickfang. Dennoch sollten Terrassenbeete einen oder zwei Höhepunkte erhalten. Dies kön-nen Ziersträucher, Rosen, hohe Ziergräser ebenso sein, wie Kletterpflanzen an einem Obelisken oder Sommerblumen in einer schönen Schale auf einer Säule oder in einer hohen Amphore.

▷ Sichtschutz. Damit man auf angeböschten Terrassen nicht wie auf dem Tablett sitzt, werden sie mit höheren Sträuchern, begrünten Pergolen oder Rankelementen umgeben, die jedoch gruppiert so gepflanzt werden, dass sie Blickachsen freihalten. Leichte Böschungen werden direkt bepflanzt. Steileren Abhängen kann man durch Terrassierung horizontale Beete abgewinnen, wobei Wege und Treppen dann den Gartenzugang sichern.

Eine Vorpflanzung von blauer Katzenminze (Nepeta x faassenii) und rosa Pyrenäen-Storchschnabel (Geranium endressii) kaschiert den kahlen Fuß der Kletterrosen und hohen Stauden in diesem seitlichen Terrassenbeet.

Im Unterschied zu fest
installierten Freisitzen
kann man mit mobilen
Sitzplätzen den jeweili-
gen Höhepunkten im
Garten folgen. Hier er-
möglicht die zentrale
Rasenfläche, die Sitz-
gruppe in die Nähe des
zauberhaften Beetes
zu rücken, um von dort
aus den würzigen Kräu-
terduft von Grüner
Heiligenblume (Santo-
lina rosmarinifolia),
Thymian, Dost, Berg-
minze (Calamintha
nepeta) und den silber-
nen Pulks des Curry-
krauts (Helichrysum
italicum) zu genießen –
zusammen mit deren
feinsinniger Farbigkeit
neben dem Karminrot
von Sedum 'Ruby Glow'.
Diese nur 40 Zentimeter
hoch werdende Züch-
tung von Georg Arends,
eine Kreuzung von
Sedum cauticulum und
Sedum telephium, ist
auch unter dem Namen
'Robustum' erhältlich.

Beete im Schatten von Gehölzen und Mauern

Stärksten Lichtmangel, also tiefen Schatten, findet man unter Gehölzen sowie auf kleinen, von ho-hen Mauern oder Häusern umschlossenen Gär-ten und Innenhöfen, während Beete am Fuß hoher Hecken und Wände je nach Lage auch halbschattig liegen können, das heißt tagsüber zeitweise auch Sonne erhalten. Im tiefen Schatten wie im Halbschatten lassen sich äußerst reizvolle Pflanzungen gestalten, stehen doch für diese Par-tien schattenliebende oder -tolerierende Gehölze und Kletterpflanzen sowie Stauden in reicher Auswahl zur Verfügung, die Staudengärtnereien meist vorsortiert nach den Lebensbereichen Ge-hölz oder Gehölzrand anbieten. Dass sie vorwie-gend kleinere Blüten als Prachtstauden besitzen, machen viele durch besonders dekorative Blätter und Wuchsformen wieder wett. Hier findet man auch die Mehrzahl der charmanten Bodendecker.

Schattenbeete vor Mauern und Wänden

Auch auf der Schattenseite von Mauern können Rabatten angelegt werden. Damit die Mauer nicht wie ein Fremdkörper erscheint, sollte man sie zu-mindest teilweise mit schattenfreundlichen Klet-tergehölzen begrünen, wie Efeu (*Hedera helix*), Kletterhortensie (*Hydrangea anomala* ssp. *petio-laris*), Geißblatt (*Lonicera*) oder mit Sorten von *Clematis montana* oder *C. viticella*, die einen be-schatteten Fuß lieben und beim Emporklimmen das begehrte Licht erhalten. Zwischen Beet und Mauer können aber auch Gehölze vermitteln, ins-besondere immergrüne wie Eibe (*Taxus*), Berg-lor-beer (*Kalmia*) oder Schattenglöckchen (*Pieris*).

Beete vor schattigen Hauswänden liegen häufig im nach Norden gerichteten Eingangsbereich oder an Garagen. Werden sie bis ans Gebäude herangezogen, sollte man das Mauerwerk mit einem Isolieranstrich oder einer wasserundurchlässigen Folie gegen Bodenfeuchtigkeit schützen. Solche Plätze sind vor allem problematisch, wenn sie durch überstehende Dächer keinen Regen erhalten oder Bauschutt überwiegt. Da die meisten Schattenpflanzen einen humosen, leicht feuchten Boden lieben, empfiehlt es sich, den Bauschutt tiefgründig zu entfernen und den Boden humos anzureichern oder gar auszutauschen und nach der Bepflanzung durch regelmäßiges Mulchen und Gießen für den Aufbau einer Humusschicht und die nötige Feuchte zu sorgen. Bei der Bepflanzung rät schon Altmeister William Robinson (1838–1935), die Stauden mit immergrünen Blütensträuchern zu kombinieren, um auch dem Winter interessante Aspekte abzugewinnen.

Schattenbeete vor und unter Gehölzen

Schattenbeete können den Weg durch einen mit hohen Gehölzen beschatteten Waldgarten romantisch säumen, meist werden sie jedoch als Unter- oder Vorpflanzung von einzelnen Bäumen und Sträuchern, Gehölzgruppen oder Hecken für malerische Gartenbilder sorgen – allerdings nur, wenn sie botanisch wie optisch miteinander harmonieren.

▷ Birken, Ahorne, Buchen, Erlen, Pappeln, Zierkirschen und Robinien bilden ein so dichtes Wurzelwerk, dass sie auf die meisten Schatten-

Linke Seite oben: *Schattenrabatte, die mit den unterschiedlichen Grüntönen der Funkien* (Hosta) *spielt, unterstützt von Kletterhortensien an der Mauer.*
Linke Seite unten: *Gehölze wie Buchs und Hortensien bilden eine Unterpflanzung, die einmal gesetzt wenig Eingriffe in den Wurzelraum erfordern. Buchs erfreut auch im Winter mit Struktur und Farbe, Hortensien erhellen im Sommer die Partie.*
Ganz oben: *Formale Rondellpflanzung mit Storchschnabel* (Geranium endressii).
Oben: *Naturhafte Kombination mit Funkien* (Hosta), *violettblauem Prachtstorchschnabel* (Geranium x magnificum) *und Frauenmantel* (Alchemilla mollis).

stauden und Bodendecker zu viel Wurzeldruck ausüben oder mit ihnen um Wasser und Nährstoffe konkurrieren.

▷ Andere wie Rosskastanie, Holunder oder Walnuss haben in den Blättern Gerbstoffe in Mengen eingelagert, die nach dem Blattfall in den Boden gelangen und wachstumshemmend wirken.

▷ Gehölze, die zur Ausläuferbildung neigen, sind nur zur Vor- und Unterpflanzung mit Stauden geeignet, wenn ihre Wurzeln bereits mit einer Rhizomsperre gepflanzt werden, so dass sie nicht in die Blumenbeete hineinwachsen können. Dies betrifft u. a. Essigbaum (*Rhus typhina*), Eberesche (*Sorbus aucuparia*), einige Zierkirschen (*Prunus*) und den Tatarischen Hartriegel (*Cornus alba*).

Tipps zur Bepflanzung

Unter Laubgehölzen beginnt der Frühling mit dem zartesten Blütenflor kleiner Zwiebelblumen, wie Schneeglöckchen, Märzenbecher, Winterling, Strahlenanemone und vielen anderen, die Schutz und Humus des Falllaubs lieben. Da sie schnell einziehen, kann man sie zwischen Bodendecker setzen, die dann den Sommerpart übernehmen oder gar Dauergrün bescheren, wie Efeu (*Hedera helix*), Ysander (*Pachysandra terminalis*) oder Kleines Immergrün (*Vinca minor*).

Um die Chancen der Stauden zu erhöhen, sollte man sie möglichst zusammen mit dem Gehölz pflanzen. Unter älteren, stark verwurzelten Bäumen behilft man sich oft mit Erdaufschüttungen für die Unterpflanzung. Dies wird jedoch von vielen Gehölzen nicht gut vertragen.

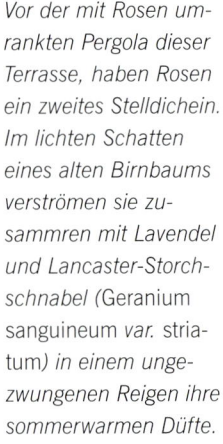

*Vor der mit Rosen umrankten Pergola dieser Terrasse, haben Rosen ein zweites Stelldichein. Im lichten Schatten eines alten Birnbaums verströmen sie zusammren mit Lavendel und Lancaster-Storchschnabel (*Geranium sanguineum var. *striatum*) in einem ungezwungenen Reigen ihre sommerwarmen Düfte.*

Beete am Wasser

Ganz oben: *Im Spiel der Blattformen kontrastieren die großen Rundschilde der Japanischen Pestwurz (*Petasites japonicus*) mit den schmalen Lanzetten des Breiten Rohrkolbens (*Typha latifolia*).*
Oben: *Das Schildblatt (*Darmera peltata*) sorgt zweimal im Jahr für Aufsehen – im Frühjahr mit blattlosen rosafarbenen Blütendolden, im Herbst mit der prächtigen Färbung seiner bis 60 Zentimeter breiten Blätter.*

Wasser kann den Garten in bewegter und unbewegter Form sowohl in naturnahem wie in architektonisch-formalem Stil mit den Impressionen einer ganz eigenen Erlebniswelt bereichern. Während es fließend oder fallend muntere Lebendigkeit in den Garten trägt, weil es neben dem Glitzern und Funkeln mit Raunen, Murmeln oder Plätschern auch seine Stimme erhebt, wird es in Becken und Teichen ruhend zum meditativen Spiegel von Himmel und Natur.

Beete an formalen Wasseranlagen
Erhöhte oder bodenebene Zierbecken in geometrischen Formen sowie Wasserrinnen sind die häufigsten Spielarten in klassischen wie modernen architektonischen Gärten. Mit ihrer fast immer klar umrissenen Fassung haben sie vorwiegend dekorativ-ästhetische Funktion und sind oft nur spärlich von Pflanzen umgeben. Diese können aber auch in angrenzenden Schmuckbeeten oder in Gefäßen den Becken zusätzliche Reiz verleihen. Da sie fast nie Anschluss an das Wasser haben, sind je nach Lage Sommerblumen, Beet- oder Schattenstauden möglich.

Beete an Naturteich und Bachlauf
Nach dem Vorbild der Natur, sind diese vielfältig bepflanzt. Die Uferränder sind je nach Wasserstand mit Pflanzen der Sumpf- und Flachwasserzone (bis ca. 15 cm Wasserstand), dahinter mit den sogenannten Uferrandstauden prächtig und dicht eingefasst. Der Wunsch nach einem möglichst authetischem Biotop führt dazu, dass ne-

Dekorative Gehölze am Naturteich

▷ Japanischer Ahorn (*Acer japonicum, A. palmatum*)

▷ Blumenhartriegel (*Cornus florida, C. kousa*)

▷ Schneeball (*Viburnum opulus, V. plicatum*
   fo. *tomentosum* 'Mariesii')

▷ Rhododendron-Arten und -Hybriden

▷ Hortensien (*Hydrangea*-Arten und -Sorten)

▷ Weide (*Salix*-Arten und -Sorten)

▷ Kupferfelsenbirne (*Amelanchier lamarckii*)

ben der Bepflanzung oft nur ein schmaler Pfad zum Pflegen und ein Sitzplatz zum Genießen vorgesehen ist. In diesem Übergangsbereich vom Wasser zum Land bilden Beete einen malerischen Rahmen durch Pflanzen in abwechslungsreichen Blüten, Blattstrukturen und Wuchsformen. Als optische Höhepunkte sind hohe Gräser und attraktive Solitärgehölze unverzichtbar. Sie sollten jedoch etwas Abstand zum Teich einhalten, damit ihn ihr Falllaub nicht belastet.

Von der roten Herbstfärbung des Schneefelberich (Lysimachia clethroides) am Uferrand lassen sich auch Chinaschilf (Miscanthus-Arten) und Pfeifengras (Molinia-Arten) begeistern und machen mit den rot-goldenen Fontänen ihrer Halme auf sich aufmerksam.

Naturteiche mit ihren flach ansteigenden Uferrändern ermöglichen mit Sumpf- und Uferrandstauden malerisch-nahtlose Übergangsbepflanzungen. Während sich in der Flachwasserzone Rohrkolben (Typha latifolia), die grasähnliche, anmutige Schwanenblume (Butomus umbellatus) und Buntkalmus (Acorus calamus 'Variegata') tummeln, zeigt sich die heitere Uferrandbepflanzung in dreifarbiger Pracht. Das Thema Gelb startet am Wasserrand mit Ligularien (Ligularia veitchinana, L. przewalskii), führt im Vordergrund über ein Feld mit Ringelblumen (Calendula officinalis 'Lemon Beauty'), um dann in einigen Königskerzen (Verbascum chaixii) und in den duftigen Blütenbällchen der gelben Wiesenraute (Thalictrum flavum ssp. glaucum) auszulaufen. Dazwischen tupfen Hundszunge (Cynoglossum nervosum) und Duftnessel (Agastache foeniculum) leuchtendes Blau, während Mädesüß (Filipendula purpurea 'Alba'), Geißraute (Galega officinalis 'Alba') und Schneefelberich (Lysimachia clethroides) sommerliches Weiß versprühen.

Beete am Hang

Gärten am Hang sind stets besonders reizvoll. Sie bieten oft herrliche Ausblicke, auch wenn sie an Fantasie, Gestaltung und Einsatz erhebliche Anforderungen stellen. Ob Hanggrundstück, angeböschte Terrasse oder Aushub eines Teiches – der Aufwand ist abhängig von den Maßen des Gartens, der Fläche und Steilheit des Hangs sowie von den individuellen Gartenwünschen. Drei Möglichkeiten stehen dabei zu Verfügung.

Stützmauern

Eine einzelne Stützmauer oder Holzpalisaden können einen Hang in zwei Ebenen unterteilen. Die Mauern können mit Mörtel verfugt werden. Für eine vielfältige Pflanzen- und Tierwelt sind jedoch Trockenmauern idealere Quartiere, da nicht nur ihre Krone, sondern auch die Fugen mit duftenden Polster- und Steingartenstauden bepflanzt werden können. Ob unbehauener oder behauener Naturstein, Kunststein, frostfester Klinker oder Ziegel, für die Mauer sollte das gleiche oder ein zum Weg passendes Material gewählt werden. In Ausbuchtungen der Mauer lassen sich besonders verwunschene, geschützte Sitzplätze anlegen.

Ganz oben: *In anmutigem Schwung unterteilt die Trockenmauer den Gartenteil in zwei Ebenen, so dass der Goldlein (Linum flavum) dem Betrachter förmlich entgegenwächst.*

Oben: *Steingarten ist ein weiter Begriff und umfasst neben dem Alpinum auch Steinanlagen in schattigen und feuchten Hanglagen oder heiße, trockene, ebene Flächen, die mit Findlingen durchsetzt sind. Hier ein Beet mit den Trockenheit liebenden Pflanzen der Felssteppe, wie gelber Junkerlilie (Asphodeline lutea), rosa Sonnenröschen (Helianthemum-Hybride 'Rosi'), Goldwolfsmilch (Euphorbia polychroma) sowie weißem und blauem Staudenlein (Linum perenne).*

Stauden für sonnige Mauerkronen

▷ Bergwundklee (*Anthyllis montana*)
▷ Dalmatinische Glockenblume (*Campanula dalmatica*)
▷ Teppichschleierkraut (*Gypsophila repens*)
▷ Teppichphlox (*Phlox*-Subulata-Hybriden)
▷ Spätes Seifenkraut (*Saponaria x lempergii*)
▷ Niedrige Sedum-Arten

Terrassierung

Größere Hänge mit einem Gefälle von über 45 Prozent werden durch mehrere Mauern terrassiert und gewinnen dadurch horizontale Flächen für Beete auf verschiedenen Ebenen. Je nach Breite dieser Terrassen sollte zumindest ein schmaler Pfad den Zugang ermöglichen. Die Anlage kann architektonisch in Bepflanzung und Zuschnitt sein, aber auch frei gestaltet werden. In diesem Fall können die Stützmauern auch versetzt, in sanft schwingenden Bögen angelegt werden, die Beeten oder einem Freisitz Platz bieten. Legen sich über die Mauerkronen noch dichte Pflanzenpolster, lässt der Hang bei einer rhythmischen Bepflanzung an hängende Gärten denken.

Steingarten

Vor allem Südhänge, wie sie oft vor angeböschten Terrassen entstehen, bieten ideale Möglichkeiten für einen Steingarten. Hier fangen unterschiedlich große Steinblöcke das Gefälle ab, die stets mit ihrer schweren Breitseite in den Boden eingelassen werden und als Trittsteine dienen. Die meisten Steingartenpflanzen wünschen einen nicht zu nährstoffreichen, durchlässig-trockenen Boden, der je nach Pflanzenwahl kalkhaltig oder kalkarm sein sollte. Der Bau der Anlage, die Auswahl der Steine und die Aufbereitung des Bodens, der bei Verdichtung einer Dränage bedarf, müssen ebenso gründlich erfolgen, wie dann die spätere Pflanzenwahl.

Duftbeete am Hang in formaler Terrassierung. Die Geometrie der Hanggestaltung erhält ihr dauerhaftes Gerüst durch das Immergrün der formierten Hecke und die Kugelakzente aus Buchs, während die einzelnen Beetetagen den Duft von Maiglöckchen oder Lavendel und Rosen verströmen.

Der Stil des Gartens und der Beete

Mit ihrem Stil prägen Gärten und Beete die unterschiedlichsten Erlebnisräume und sind gleichzeitig Ausdruck divergierender Vorstellungen von der Natur und dem Bezug des Menschen zu ihr. Ob man Elemente und Pflanzen wie in formalen Gärten strikt oder in aufgelockerter Form (linke Seite) einem ästhetisch strukturierenden Ordnungswillen unterwirft, lieber frei mit ihren Farben und Formen spielt (oben) oder gar versucht, die Natur im Garten zu imitieren – immer werden diese Gartenwelten auch etwas von den Anschauungen, Vorlieben und der Individualität ihres Erschaffers widerspiegeln.

Klassisch-formale Beete

Der Garten als Ordnung und Kunstwerk

Formale Gärten sind gepflanzte architektonische Strukturen. Wie bei der Einteilung des Hauses in Zimmer, wird die Gartenfläche in Bereiche eingeteilt, die stets auf die Türen und Fenster des Gebäudes Bezug nehmen. Der Gestaltung liegen dabei folgende Kriterien zugrunde: Symmetrie, Geometrie, Perspektive und Muster. Als Symmetrieachse fungiert ein breiter Weg, der die Verbindung zwischen Haus und Garten herstellt. Dieser Achse werden symmetrisch geometrische Formen, wie Kreise, Quadrate, Recht- oder Achtecke zugeordnet, die von Beeten, Gras- oder Wasserflächen eingenommen werden. Zwischen diesen Formen verlaufen Wege, Laubengänge, Hecken oder Alleen, die als vertikale Elemente Räumlichkeit erzeugen und gleichzeitig Blickachsen bilden. Durch diese Blickachsen, aber auch durch kunstvolle Blickfänge wird das Auge gelenkt, durch Muster von mehreren Beeten und in Beeten selbst ornamentale Kunstfertigkeit gezeigt. Im klassisch formalen Garten ist nichts zufällig oder beliebig. So demonstriert er die Beherrschung der Natur durch den Menschen. Unter Beibehaltung dieser Kriterien unterlag die Gestaltung der Beete über die Jahrhunderte dennoch einem interessanten Wandel.

Beete in der Renaissance

Die Renaissance-Gärten Italiens bestanden aus drei Teilen: Blumengarten, Obstgarten und Wäldchen, die alle geordnet angelegt und von Mauern umschlossen waren. Die Blumengärten umfassten schachbrettartige Beetrechtecke oder hochkomplizierte Knotenbeete. Von speziell angelegten Terrassen oder Hügeln konnte man auf diese Parterres herabblicken, um so die Muster der Beete besonders genießen zu können. Da im 16. und frühen 17. Jahrhundert viele neue Pflanzen den Weg in europäische Gärten gefunden hatten, stellte man seine Errungenschaften auch gerne zur Schau. So schufen neben den Fürsten auch vornehme Bürger Blumengärten, die an italienische Vorbilder anknüpften. Die Blumen wurden vorwiegend in quadratischen Beetkompartimenten präsentiert, die meist mit Stein, Ziegel, Holz oder Kräutern eingefasst waren. In den einzelnen Beeten wurden die Pflanzen einer einzigen Art, einer einzigen Farbe oder nach einem bestimmten Mustermix präsentiert, mit dem Ziel, den Eindruck eines farbigen Musterteppichs zu erreichen. Gepflanzt wurde ordentlich in Reihen nach den Prinzipien »massing« und »mingling«, die sich bis ins 19. Jahrhundert hielten.

Die Knotenbeete hingegen waren hochkomplizierte Pflanzungen, die den Eindruck von ineinandergeflochtenen Bändern erweckten. Sie bestanden aus duftenden Kräutern wie Ysop, Thymian, Rosmarin, Heiligenkraut, Buchs und Winterbohnenkraut und wurden durch regelmäßigen Schnitt in Form gehalten. Bei so genannten »offene Knoten« kam anorganisches Material wie Sand, Kies oder Kohlenstaub in die Zwischenräume, »geschlossene Knoten« füllte man mit flachen Blumen. Eine beliebte Spezialform waren auch Ornamente in Form von Wappenschilden oder Initialen.

Beete im Barock

Erst im 17. Jahrhundert setzte sich der bisher wegen seines Geruchs verpönte Buchs als Ein-

fassungspflanze durch. Vor allem aber entwickelte sich aus der Tradition der Knotenbeete unter den Fenstern das Buchsparterre. Diese so genannten Broderien verzichteten auf eckige Muster und zeigten in fließenden Spitzenmustern stilisierte Pflanzenformen, Masken, Vogelköpfe oder Drachen. Die Zwischenräume setzte man manchmal farbig ab, aber nicht mit Blumen, wie sie heute oft in Barockgärten zu sehen sind. Wie schon in der Renaissance blieben die Beetanlagen im wesentlichen flach, waren jedoch weniger farbig. Die neue Begeisterung entzündete sich am »parterre d'eau«, dem neuen, aus Frankreich stammenden Wassergarten, bei dem nun die Wasserfläche mit Hilfe von Kanälen in eine Reihe von Kompartimenten aufgeteilt wurde.

Beete im Viktorianischen Zeitalter

Während das 18. Jahrhundert mit dem Landschaftsgarten eine Abkehr vom architektonischen Garten hervorrief, setzte im 19. Jahrhundert mit dem Historismus eine neue Begeisterungswelle für den formalen Garten ein. Seine geometrischen Strukturen erwiesen sich als ideal für die repräsentative Gestaltung kleiner Vorgärten und beheizbare Gewächshäuser konnten die riesige Nachfrage nach knallbunten Sommerblumen erfüllen. Mit diesen entstanden drei Beet-Typen:
▷ Sommerblumenbeete, die nach dem Prinzip des »massing« flächig gepflanzt wurden.
▷ Bandförmige Beete mit Steifenmustern.
▷ Teppichbeete mit dicht zu Ornamenten kombinierten einjährigen Blattpflanzen.

Erst Anfang des 19. Jahrhunderts entstanden mit der erwachenden Rosenleidenschaft erste formale Gärten ausschließlich für Rosen, die deren Lebendigkeit in beruhigenden Buchsrahmen präsentierten. Einen Eindruck vermittelt der Rosengarten von Kasteel Wijlre. Zuvor wurden Rosen in Renaissance und Barock gerne zur Abgrenzung als Hecke oder an Treillagen eingesetzt sowie in Blumenbeeten neben Sommer- und Zwiebelblumen.

Moderne formale Beete

Selbst William Robinson (1838–1935), der mit seiner Abkehr vom architektonischen Garten und dem unnatürlichen »Zuckerbäckerstil« der viktorianischen Sommerblumenbeete der freien Gestaltung die Wege ebnete, gestand ein, dass Beete in der Nähe des Hauses einem Ordnungsprinzip huldigen sollten, um mit diesem besser zu harmonieren. Damit erkannte er, was sich vor allem in kleinen Gärten mit ihrem engen Bezug zum Haus stets aufs neue bewahrheitet: Formale Anlagen strahlen durch ihre starke Strukturierung Ruhe und großzügige Gelassenheit aus. Kein Wunder, dass man heute, wo dem Garten häufig die Aufgabe zukommt, attraktives Freizeitdomizil mit Erholungswert zu sein, auf diesen traditionsreichen Stil zurückgreift – wenn auch in fantasievoll und vielfach modifizierter Form.

Oben: *Gräserrotunde von Piet Oudolf mit Chinaschilf (*Miscanthus sinensis *'Malepartus') inmitten niedriger Palmwedelsegge (*Carex muskingumensis*).*
Unten: *Gehölzbeet mit unterschiedlich großen Buchskugeln unter einem kunstvoll geflochtenen Lindenspalier (siehe auch Seite 53).*

Über die Abkehr zur neuen Hinwendung

Zeitgenössisches Gartendesign trägt erstaunlich oft formale Züge, wenngleich es auf Vorstellungen basiert, die durch Ablehnung des ornamentalen Dekostils des 19. Jahrhunderts eigentlich in einem Antiformalismus wurzeln. Verwendete man dort durch »massing« riesige Pflanzenmengen als primär farblichen Zierrat, begann man um die Jahrhundertwende – inspiriert von Impressionismus und Symbolismus sowie von chinesischen und japanischen Gärten – sich für die Ausdruckskraft und Indiviualität der einzelnen Pflanze zu interessieren. In den Mittelpunkt des Interesses und der Gestaltung rückten Wuchsformen sowie Blattformen, -farben und -texturen.

Gestaltungsmerkmale

Moderne formale Beete bevorzugen scharfe Abgrenzungen innerhalb der Flächen wie an ihren Konturen. Hier einige typische Beispiele zum Pflanzeneinsatz in modernem Ambiente:

▷ Solitärer Blickfang. Zur minimalistischen Architektur passend kann eine einzige Pflanze mit ihrem Habitus als atmosphärische Silhouette wirken. So entwickelte der Schweizer Henri Correvon (1853–1922) eine Aufstellung »architektonischer Pflanzen«, die mit grafischen Blatt- oder Wuchsformen im Beet dominieren, zum Beispiel Ziergräser, Pflanzen mit schwertförmigen Blättern, wie Yucca, Neuseeländer Flachs (*Phormium*) und Iris, mit großen Blättern, wie Schildblatt (*Darmera peltata*) oder mit markant aufrechtem Wuchs, wie Fackellilie (*Kniphofia*), Eselsdistel (*Onopodium acanthium*) und Königskerze (*Verbascum*).

▷ Stereoptyp aufgereiht oder in Gruppen können gleiche Pflanzen ihre Wirkung intensivieren.

▷ Flächige Beete dienen nicht wie in den traditionellen architektonischen Gärten dem Muster, sondern sollen neue Möglichkeiten der Pflanze vor Augen führen (z. B. kubistische Buchsbeete).

▷ Spiel mit Verfremdungseffekten. Da jedes Material eine eigene Ausdruckskraft besitzt, kontrastiert man Pflanzen gerne mit ungewohnten Flächen und erzielt damit einen neuen optischen Reiz oder gar eine neue Sicht der Pflanze. Oft genügt ein einheitlicher Hinter- oder Untergrund (z. B. vor einförmigen oder -farbigen Wänden). Beliebt sind aber auch schachbrettartige Beete, in in denen man Pflanzen gegen Betonplatten, Kies oder farbiges Glasgranulat absetzt. Besonders reizvolle Spiegelungen entstehen durch lineare Pflanzungen in Betongefäße in flachem Wasser.

Ein unbeschwertes Spiel mit historischen Moden scheint sich dieser kleine Garten zu erlauben. Während seine Einteilung an die Renaissance-Mode der gleichförmigen Blumen-Kompartimente erinnert, neigt seine Bepflanzung zur viktorianischen Vorliebe für Rosenhochstämmchen und Teppichbeete. Neu dabei und modern: der Verzicht auf Muster und die Reduzierung auf Zweifarbigkeit mit blau-violettem Lavendel (Lavandula angustifolia 'Munstead') und weißer Rose 'Schneewittchen'.

Formale Elemente in freier Gestaltung

Oben: *Ruhig, doch bewegt wie Wellen, bilden diese formalen Eibenhecken einen harmonischen Hintergrund für die naturhaften Blumenbeete.*
Unten: *An ein Zitat aus Renaissancegärten erinnert der Aufmarsch der Kugel-akazien* (Robinia pseudoacacia 'Umbraculifera') *zwischen den frei gestalteten Rabatten.*

Die klassischen Vorgaben eines formalen Gartens lassen den individuellen Wünschen nach freierer Gestaltung nahezu jeden Spielraum. Vielleicht ist ihre Formensprache bei gleichzeitiger Flexibilität das Geheimnis ihrer Zeitlosigkeit. Die Möglichkeiten, architektonische Formen und Elemente mit frei gestalteten zu kombinieren sind jedenfalls riesengroß und führen zu bezaubernden Gartenbildern.

Partienwechsel

Traditionelle Pflanzen und Materialien, architektonische Beetformen und -einfassungen, Blickachsen, Symmetrien und formierte Pflanzenskulpturen können einem Gartenbereich klassisch formales Gepräge verleihen, um dann in einer freigestalteten oder naturhaften Partie auszuschwingen. Der Übergang wird umso harmonischer sein, wenn in beiden Teilen korrespondierende Pflanzen und Farben gewählt werden. Aber auch ein bewusster Kontrast kann aparte Effekte erzielen. Meist wird es sich empfehlen, den architektonischen Gartenbereich in Hausnähe zu lokalisieren, den frei gestalteten hingegen an die Grundstücksgrenzen hin zu verlagern.

Formaler Rahmen

Dieses Schema lässt sich jedoch auch umdrehen. Architektonische Elemente können in Form von Schnitthecken wie grüne Wände als gleichmäßige Kulisse dienen, vor der frei gestaltete Beete als Rabatte, Eckbeet oder in beliebiger Form mit heiteren Pflanzenarabesken bezaubern. Aber auch der Innenraum des Gartens gewinnt an Räumlichkeit, wenn Hecken wie eingezogene Paravents kleine Kabinette abtrennen, die wiederum sogar Beeten mit zierlichen Blüten zu ausdrucksvollem Erfolg verhelfen. Wenn diese Raum einschneidenden Teilhecken schwingende oder andere beliebige Formen annehmen, wird ein Garten mit recht abwechslungsreichen Boudoirs für Beete, blumigen Sitzplätzen oder innovativen Wasseranlagen entstehen.

Niedrig formierte Hecken oder Einfassungen können darüber hinaus als Einfassungen den ruhigen Rahmen für ein lebendiges Beet bilden. Sommerblumen und Gemüse, vor allem filigrane Kräuter und die unregelmäßig bewegt wachsenden Rosen erhalten durch Buchseinfassungen erst den letzten Schliff. Je heterogener und unruhiger die im Beet versammelten Pflanzen sind, desto wohltuender wird ein gleichmäßig einendes Band empfunden.

Formale Zitate und Blickfänge

Der Freude am Gestalten sind keine Grenzen gesetzt. Wer will kann jedes Element des klassisch formalen Gartens als markanten Blickfang einsetzen. So können Paarkombinationen von Kübelpflanzen, formierten Buchsspiralen, von Pyramiden mit Kletterpflanzen oder Kugelbäumchen Wege, Eingänge und Pavillons malerisch betonen. Innerhalb von Beeten werden Buchsskulpturen wie Kugeln, Kegel, Würfel oder Quader durch ihre grafische Dominanz einer unruhigen Bepflanzung Halt geben und für Ausgewogenheit sorgen.

Oben: *Ein Eibenkegel behauptet sich als ruhender Pol in dieser wildhaften Schattenbepflanzung mit Funkien (*Hosta*) und blauem Kaukasus-Beinwell (*Symphytum grandiflorum *'Hidcote Blue').*
Unten: *Wie dralle Wächter flankieren zwei kugelig formierte Steppenkirschen (*Prunus fruticosa*) den Eingang zum neuen Gartenteil.*

Formale Schwerpunkte: Struktur und Einfassung

Oben links: *Alles Eckige vermeidet dieses Rondell mit rund verlegtem Klinkerbelag und der Einfassung aus Buchskugeln.*
Oben rechts: *Vor bauchig formierten Eibenhecken zelebrieren im exakten Karree der linearen Buchsrahmen flächig gepflanzte Funkien ihren großen Auftritt mit Blattfarben und -formen.*
Unten links: *Wegkreuz mit halbrund formierter Rauke* (Ruta graveolens *'Jackman's Blue').*
Unten rechts: *Statt von Pflanzen erhält dieses Beet dauerhafte Form durch die erhöhte Einfassung mit Naturstein.*

Strukturen der Beete

Die einfachsten, auch in modernen Gärten immer wiederkehrenden formalen Beetformen sind Rechteck, Quadrat, Raute, Kreis und Oval, die zu beiden Seiten einer Symmetrieachse liegen können, von dieser durchschnitten werden oder nach oben gespiegelt mit einer rechtwinklig verlaufenden Achse Beetquartette bilden.

Was kompliziert klingt, ist nichts anderes als das Grundkonzept von vier Beeten um ein Wegkreuz. Dieses Wegkreuz kann in seinem Zentrum ein zusätzliches Beetrondell, eine runde Wasserfläche, eine runde oder achteckige Laube, eine Raute oder auch ein weniger platzintensives Element, wie eine Vogeltränke, ein Pflanzgefäß oder eine Sonnenuhr, aufnehmen.

Roy Strong, der Spezialist für Renaissance- und formale Gärten verweist darauf, dass sich innerhalb einer Stilepoche die Muster in der gesamten dekorativen Kunst gleichen, »sei es auf Textilien, in der Buchkunst, auf Tapeten, Keramik, an Möbeln und im Garten«. Folgerichtig entwarf er Beetanlagen nach Art-Deco-Mustern oder mit einem Gemälde von Piet Mondrian als Grundriss. Als weitere Fundgrube für moderne formale Anlagen empfiehlt er die Op-Art der sechziger Jahre.

Oben links: *Blumige Einfassung aus Iris und Tulpen. Die grafischen Irisblätter bieten über den Winter hinaus Struktur und können das einziehende Laub der Tulpen verbergen.*
Oben rechts: *Mit natür-licher Anmut flankieren Tulpen ('Red Apple-doorn') den Weg. Nach ihrer Blüte überneh-men Sommerblumen den einfassenden Farb-schmuck.*
Unten links: *Auch far-biges Laub kann Ein-fassungen von Frühjahr bis Herbst Farbe verlei-hen, wie das Purpur-glöckchen (*Heuchera-Hybride 'Stormy Seas'*) mit seinem gerüschten roten Laub beweist.*
Unten rechts: *Statt einer erhöhten Einfas-sung definieren hier in mehreren Reihen bodeneben eingelas-sene Klinker den Beet-rand.*

Einfassungen

Was aber wären architektonischen Beete ohne Akzentierung! Erst Einfassungen unterstreichen mit linearer Akkuratesse die ornamentalen Intentionen der Anlage.

Unschlagbar in Sonne wie Schatten ist Buchs (*Buxus sempervirens* 'Suffruticosa'), der kantig oder halbrund sowie zu aufgereihten Kugeln oder Würfeln getrimmt werden kann. Er bildet rund ums Jahr ruhige Bilder von beständiger Ordnung – sogar im Winter unter Schnee. Als immergrüne schnittverträgliche Einfassungen in sonniger Lage eignen sich auch Halbsträucher wie Gamander

(*Teucrium chamaedrys*), Heiligenkraut (*Santolina chamaecyparissus*), Rauke (*Ruta graveolens*) und Lavendel (*Lavandula angustifolia*). Für auf-gelockerte Pflanzenbänder hingegen sorgen bu-schig-niedrige Stauden, wie Silberbeifuß (*Arte-misia schmidtiana* 'Nana'), Scheckenknöterich (*Polygonum affine*) oder Katzenminze (*Nepeta* x *faassenii*), wobei Iris (*Iris-Barbata*-Hybriden) und Bergenien (*Bergenia*-Hybriden) mit immergrünem Laub ständige Strukturbildner sind.

Wer blühende Einfassungen wünscht, kann sich mit Einjährigen wie Duftsteinrich (*Lobularia mari-tima*) oder Tagetes sommerlang an Farbe erfreuen.

Frei gestaltete Blütenpracht

Zarte Farben und kräftige Akzente fügen sich im Miteinander von Tönen, Wuchs- und Blütenformen in diesem Beet zu einem Gemälde voller Poesie.

Die Idee des Natürlichen erreichte den Garten über die Landschaftsmalerei des 17. Jahrhunderts. Die arkadischen Landschaften Claude Lorrains und Nicolas Poussins wurden zum Vorbild für den englischen Landschaftsgarten, dessen großer Inspirator, Alexander Pope (1688 bis 1744), sich für eine Gartenkunst aussprach, die von Dekoration und Künstlichkeit befreit war. Während in Hausnähe auf den Parterres die formalen Beete bestehen blieben, setzte sich im 18. Jahrhundert nach und nach eine idealisierte Natur im panoramischen Ausblick durch. Diese wurde aber nicht durch Beete geschaffen, son-

dern durch Geländemodulationen, Wasseranlagen, Brücken und klassisch inspirierte Bauwerke sowie durch die »wilderness«, idyllischen Baum- und Strauchgruppen. Sie sollten so locker gepflanzt werden, dass ihre natürliche Wuchsform erkennbar war, sie aber miteinander malerische Szenerien von emotionaler Wirkung schufen. Ende des 18. Jahrhunderts begann die Debatte um das »Pittoreske«, das, so beschloss man zu Beginn des 19. Jahrhunderts, näher an die Realität der Natur heranreichen sollte, eine ungezähmtere Vegetation, ein raueres, ungeordneteres und wilderes Terrain zeigen sollte.

Naturalismus und Cottage-Garten

Ende des 19. Jahrhunderts wuchs die Sorge um die von der Industrialisierung bedrohte Natur. Die Arts-and-Crafts-Bewegung proklamierte mit John Ruskin (1819–1900) und William Morrris (1834 bis 1896) eine Rückbesinnung auf die kunsthandwerklichen Traditionen ebenso wie auf den Country-Garden mit Gemüse, Obst und Blumen. Meist noch im Rahmen formal geprägter Anlagen und Beete sollten nun heimische und exotische Pflanzen, vor allem aber winterharte Stauden und Zwiebelblumen natürliche, »pittoreske« Bilder in feinen zarten Farben entwerfen.

Maßgeblich davon beeinflusst entwickelte William Robinson (1838–1935) in seinem Buch *The English Flower Garden* (1883) das bis heute wirksame Konzept einer freien, naturgemäßen und doch ästhetisch gestalteten Pflanzenverwendung:

▷ Durch Schnitt formierte Gehölze werden als unnatürlich abgelehnt.

▷ Winterharte Stauden und Zwiebelblumen rücken ins Zentrum der Aufmerksamkeit, denn die Beete sollen möglichst dauerhaft bepflanzt sein.

▷ Dabei sollen zueinander passende Stauden möglichst natürlich gruppiert werden.

▷ Bodendecker gewinnen neues Ansehen, weil sie offenen Boden schützen und zieren.

▷ Zwiebelblumen dürfen auch im Gras verwildern.

▷ Clematis und andere Kletterer bezaubern mit Natürlichkeit, wenn sie in Bäume hineinranken. Mit Robinson entwickelte Gertrude Jekyll (1843 bis 1932) diese Ideen weiter und setzte sie in zahlreichen Büchern und Gärten in die Tat um.

Beete in freier Gestaltung

Frei gestaltete Gärten wirken meist besonders stimmungsvoll. Ordnung und Muster sind zurückgedrängt zugunsten der Pflanzen, die mit ihren Erscheinungsformen, wie Wuchs, Blüten- und Blattformen, Texturen und Farben, die Atmosphäre des Gartens rund ums Jahr prägen. Die Gestaltung zielt darauf ab, durch Kombinieren und Kontrastieren Charakter und Ausdruckskraft der einzelnen Pflanze hervorzuheben und gleichzeitig im Miteinander malerische Jahreszeitenbilder zu kreieren. Dies lässt sich in reinen Sommerblumen-, Gehölz- oder Staudenbeeten ebenso verwirklichen wie in kombinierten Mischpflanzungen.

Ganz oben: *Staudenbeet im Herbst vor den fulminanten Silberschöpfen des Pampasgrases* (Cortaderia selloana). Oben: *Gehölzbeet mit aparten Farbspielereien von Trompetenbaum* (Catalpa bignonioides), *rotem Perückenstrauch* (Cotinus coggygria 'Royal Purple'), *Bartblume* (Caryopteris x clandonensis) *und Hortensie* (Hydrangea-Hybride 'Annabelle').

Den Spielarten von Rosa widmet sich diese Mischbepflanzung mit zweijährigen Stockrosen und Riesenglockenblume 'Loddon Anne' im Hintergund, vor denen sich die Beetrose 'Bonica' und rote Vexiernelken (Lychnis coronaria) tummeln.

Während Gertrude Jekyll, die große Lehrmeisterin fein nuancierter Farbbeete, sich häufig noch innerhalb formaler Strukturen bewegte und dabei lediglich auf Buchseinfassungen verzichtete, um die Beetränder locker mit Pflanzen zu umspielen, tendiert völlig freie Gestaltung zu organischen Beetformen. Ihre Konturen sind selten gerade, eher weich fließend, oft geschwungen, ihre Fläche wirkt meist unregelmäßig, was durch Randpflanzen, die die Beetränder überragen dürfen, betont wird.

Auch das Prinzip der »zierenden Gleichförmigkeit« – das »massing« der Bepflanzung – wird aufgegeben zugunsten einer Pflanzenvielfalt, bei deren Anordnung und „mixing" der Gärtner in wohlüberlegten, kunstvollen Kombinationen dem Garten Glanzlichter verleiht. Frei gestaltete Beete verlieren den eintönigen Teppicheffekt, erhalten durch Höhenspiele unterschiedliche Silhouetten, die sich organisch in den Garten einfügen, obwohl die Beete eigenständige Elemente bleiben.

Freiheit und Form

Soll der Garten nicht wildnishafte Züge tragen, benötigen auch freie Beete ein Gerüst oder eine Struktur, die das Auge lenkt und Gestaltung sichtbar macht. Dies lässt sich zum Beispiel erreichen

▷ durch Über- und Unterordnung, Gruppierung und Wiederholung von Farben und Formen,

▷ durch Absetzung der Beete gegen das beruhigende Grün einer Rasenfläche,

▷ durch Rückkehr zu formalen Grundmustern als Rahmen und Fassung.

Ein beispielhaftes Ausbalancieren des Widerspruchs von Freiheit und Form kann man im 20. Jahrhundert in vorbildhaften Staudengestaltungen der Niederlande beobachten. Anfang des Jahrhunderts entstand die Kunstrichtung »De Stijl«, unter deren Einfluss man durch Vereinfachung, Linearität und Einsatz von Primärfarben Beetkompositionen ein Ordnungsgerüst und Stabilität verleihen wollte.

Gegen Ende des Jahrhunderts wurde Piet Oudolf durch genau gegensätzliches Vorgehen zum Wegbereiter eines neuen Stils, der weit über die Grenzen Europas Begeisterung fand. Er erweiterte das Sortiment durch Gräser und wildhafte Stauden mit der Vorliebe für subtile Farben, natürlichen Wuchs und ausdrucksvolle Blattformen. Seine Kreationen sind Hymnen an die Schönheit und Vielfalt der Natur. Je freier und differenzierter er jedoch mit Formen, Texturen und Farbharmonien spielt, desto eher bettet er die Pflanzenkreation in ein architektonisches, formprägendes Umfeld ein.

Einblick in ein meisterliches Spätsommerbeet Piet Oudolfs, in dem sich einige seiner Lieblingspflanzen in verlaufenden Gruppierungen präsentieren. Von links nach rechts: Alpendistel (Eryngium alpinum), Sonnenbraut (Helenium-Hybride), Schwarzer Germer (Veratrum nigrum), Kerzenknöterich (Bistorta amplexicaulis) und Purpursonnenhut (Echinacea purpurea 'Rubinstern').

Naturnahe, wildhafte Beete

Über das Verwildern von Narzissen, seinen erklärten Lieblingen, bemerkt William Robinson, der als Vater der naturgemäßen Pflanzenverwendung gilt: »Wer Narzissen gleichmäßig über den Rasen verteilt, verhindert den Eindruck von Ruhe und Entspanntheit und nimmt sich die Chance, sie so zu sehen, wie sie sich selbst anordnen würden.« Zu ihrer Gruppierung empfiehlt er, sich an der Form kleiner Wolken am Himmel zu orientieren. Hier präsentieren sich Narzissen in einem Meer aus Schneestolz (Chionodoxa).

Naturnahe Gärten sind von der Bepflanzung her gesehen eine Fortführung der freien Gestaltung, jedoch mit wesentlichen Akzentverschiebungen. Im Unterschied zu frei gestalteten Anlagen, die häufig als farbenreiche, aber pflegeintensive Blumenbeete bezaubern, steht bei naturnahen Arrangements das natürliche Gestalten mit Pflanzen des jeweils zutreffenden Standorts und Lebensbereichs an erster Stelle. Da auch diese Pflanzungen ästhetisch ausgerichtetes Menschenwerk sind, unterscheiden sie sich dennoch von wirklich naturbelassenen Flächen. Für diese besondere Art der Naturimitation prägte Karl Foerster den Begriff der »Wildnisgartenkunst«.

Gründe für naturnahe Beete

Naturnahe Beete benötigen ein adäquates Umfeld. Sie passen in große, wilde oder landschaftlich eingebundene Gärten, in gebäudeferne Gartenpartien oder können als gestalterisches Kontrastprogramm den Teilbereich eines großen, sonst anders angelegten Gartens einnehmen. Der Entscheidung für naturnahe Beete können dabei recht unterschiedliche Anlässe zugrunde liegen:
▷ das Ziel, mit den eher wildhaft sinnlichen Qualitäten dieser Pflanzengesellschaften den Garten verwunschen zu gestalten oder ihn damit optisch abwechslungsreicher zu machen.
▷ der Wunsch, durch Biotope die Artenvielfalt von Tieren und Pflanzen zu erhöhen, die Wechselwirkungen zwischen ihnen und den Pflanzen zu beobachten und somit den Erlebniswert des Gartens zu steigern und zu genießen.

*Rechte Seite: Zauber-
haftes Zwitterkonstrukt
aus freier Beetgestal-
tung mit wildhaften
Stauden für den feuch-
ten Halbschatten:* Ton-
in-Ton harmonieren
Wiesenraute *(Thalict-
rum aquilegifolium)*,
Wiesenknöterich *(Bistor-
ta officinalis)* und Wald-
storchschnabel *(Gera-
nium sylvaticum)*.
Unten: *Japanisch stili-
siertes Naturerlebnis:
Japanischer Ahorn
(Acer japonicum) und
Königsfarn (Osmunda
regalis) in leuchtender
Herbstfärbung.*

▷ das Bedürfnis nach weniger pflegeintensiven Pflanzungen, die ohne allzuviel Zutun eine interessante Eigendynamik entwickeln.

▷ vorgegebene Extremstandorte im Garten, wie Schattenlagen, durchwurzelte Flächen unter Bäumen, nasse, trockene oder flachgründige Areale, an denen anspruchsvolle Schmuckpflanzungen nicht mehr gedeihen würden oder nur mit sehr hohem Einsatz zu erreichen wären.

Gestaltung und Pflanzen

Ein wesentliches Unterscheidungsmerkmal zu formal oder frei gestalteten Beeten besteht darin, dass naturnahe Pflanzungen keine klar abgehobenen Gestaltungselemente sind, sondern nahtlos ins Gartenumfeld integriert sind, mit dem Ziel, ein anmutig oder dramatisch gesteigertes Naturabbild zu bieten. Die Bepflanzung eines Teichrandes, einer trocken-steinigen Fläche oder die Vorpflanzung eines absonnigen Gehölzrandes lebt ja gerade davon, dass sie wie naturgewachsen wirkt. Eine Alternativmethode ist das Verwildern von Frühlingsblühern unter und vor Gehölzen oder von Narzissenzwiebeln in der Wiese. Hier wird kein Beet mehr angelegt, sondern das Areal durch Einpflanzung aufgewertet. Bei der Pflanzenwahl ist auf standorttypische Wildpflanzen zurückzugreifen, da sie unter den speziellen Bedingungen sicher gedeihen. Zudem tragen sie mit ihrer äußeren Erscheinung zur Physiognomie typischer Pflanzengemeinschaften bei. So sind Großblattstauden einfach typische Vertreter von Feuchtbiotopen, während Wacholder, Heidekraut und Birken spontan an Heidelandschaften erinnern.

Bei den in Frage kommenden Pflanzen handelt es sich vorwiegend um langlebige Stauden und Gehölze mit Wildcharakter, die weniger durch Blütenpracht als vielmehr mit Robustheit, Blatt- und Wuchsformen beeindrucken. Um wildhafte Pflanzungen malerisch zu optimieren, kann man neben heimischen Pflanzen auch fremdländische aus gleichen Lebensbereichen oder verbesserte Sorten statt Arten verwenden. Pflanzt man dominante höhere Stauden als Solitär oder mit größerem Abstand und füllt die Lücken mit verschieden großen, in einander übergehenden Gruppen halbhoher und niedrigerer Stauden, entstehen Gartenbilder von naturhafter Schönheit.

Form und Funktion
von Beeten

Beete prägen mit Grundriss, Gestalt, Farbe und
Stil den Garten wie ein architektonisches Element.
Ob sie dabei die Horizontale betonen, romantisch
duften und formal gefasst zum medaillonähnlichen
Blickfang werden, wie das Duftbeet mit Römischer
Kamille (Chamaemelum nobile, oben) oder in freier
Kombination von Gehölzen und Stauden (linke Seite)
als bewegte Kulissen oder Raumteiler den Garten
vertikal strukturieren, immer sind Beete weit mehr
als Präsentationsmöglichkeiten für Pflanzen. Denn
sie stehen stets in vielfältigen Bezügen zum Garten,
dem sie mit jahreszeitlichem Charme Struktur und
Atmosphäre verleihen.

Beete als Rahmen

Beete können wie dekorative Bausteine im Garten die verschiedensten Funktionen übernehmen – unabhängig davon, ob sie oder der sie umgebende Gartenteil formal oder frei gestaltet sind.

Der Einsatz im Garten

Während sie in Sonne und Halbschatten mit Blütenpflanzen delikate Farbimpressionen und blumige Aromainseln in den Garten streuen, vermögen Beete Schattenplätze mit Blattschmuckpflanzen, Bodendeckern, Farnen und Moosen idyllisch zu verweben. Kein Wunder, dass sie als Begleiter unserer Mußestunden hochbegehrt sind und bevorzugt an Orten eingesetzt werden, an denen man sich oft und gerne aufhält, sodass man ihren verführerischen Zauber aus der Nähe genießen kann. Im Gartendesign findet man Beete deshalb besonders häufig an Terrasse und Sitzplatz, Laube und Pavillon, an Teich und Wegen, die sie als Ein- oder Umrahmung säumen.

Durch Form zum Stil

Beete können auch ganze Gartenteile einfassen und mit regelmäßiger Breite einen formalen, bandartigen Rahmen bilden oder aber mit unregelmäßig schwingenden Konturen einen freien Stil andeuten. Auch Rahmenbeete an Sitzplatz und Terrasse werden durch freie organische Grundrisse oder geometrische Strukturen den Bereich stilistisch prägen.

Ein Rahmen, der im Rücken und von der Seite attraktiven Schutz bietet und nach vorne den Blick freigibt, ist für die meisten Freisitze im Garten ein bewährtes Rezept. Hier sorgen Blumenhartriegel (Cornus kousa) und Rhododendren für anmutige Rückendeckung, während das Schaublatt (Rodgersia podophylla) einerseits und Strauchrosen, Glockenblumen sowie Buchskugeln auf der anderen Seite mit Blatt- und Blütenpracht das lauschige, frei gestaltete Idyll krönen.

Mit dem Zuschnitt der Beete kann man aber auch perspektivische Effekte erzielen. So lassen zum Beispiel gleichmäßig breite Rabatten, die ein schmales, langes Areal umlaufen, dieses noch schmäler erscheinen. Konzipiert man sie jedoch wie ein nostalgisches Passepartout mit abgerundeten Ecken oder gar so, dass sie einen runden Innenraum freigeben, wirkt der schmale Grundriss wesentlich breiter.

Inspirierende Möglichkeiten

Die Auswahl der Pflanzen muss sich immer am standortgeeigneten Sortiment orientieren. Während Einfassungsrabatten meist höhengestaffelt gepflanzt werden, empfiehlt es sich, Beete an Sitzplätzen und Terrassen nur halbhoch mit Höhenakzenten zu bepflanzen oder zumindest Sichtachsen in den Garten freizuhalten.

Beetrahmen um Terrassen und ganze Gartenteile sollten zu allen Jahreszeiten attraktiv sein. Da dauerblühende Beete jedoch höchste Gärtnerkunst erfordern, kann man sich mit einem simplen Trick behelfen: Man verteilt mit Buchs, Lavendel, Iris oder kleinbleibenden Koniferen strukturbildende, immergrüne Platzhalter im Beet, die man mit duftenden Rosen, Stauden mit versetzten Blütezeiten und Sommerblumen umgibt. In modernen Innenhöfen und Atriumgärten beeindrucken grafisch-minimalistische Rahmenbeete, in denen zum Beispiel Flächen von Kies mit Strukturpflanzen wie Gräsern, Moospolstern oder formiertem Buchs regelmäßig abwechseln.

Experimentierfreudig und doch formal sind hier Terrasse und Gartengrenzen eingefasst. Das Immergrün von Efeu und Buchskugeln garantiert den geometrisch geschnittenen Terrassenbeeten dauerhafte Schönheit und präsentiert zusammen mit dem ruhigen Flor des Rasens die kühle Farbenpracht der gemischten Rabatten aufs Schönste.

Beete als Sichtschutz

Sichtschutz kann nötig sein, um einem Sitzplatz, einer Bank, einer Laube oder einem Bereich innerhalb des Gartens intime Abgeschiedenheit zu bescheren. Besonders häufig ist er jedoch an Gartengrenzen erwünscht, um fremde Blicke abzuwehren. Beete bieten dazu Möglichkeiten für

▷ mehrreihige, hohe Staudenpflanzungen,
▷ frei wachsende Blütenhecken,
▷ Schnitthecken,
▷ Flechthecken,
▷ mit Kletterpflanzen begrünte Spaliere, Rankwände, Pergolen und Zäune.

Eine Frage des Platzes

Ob sie sich bandartig an den Gartengrenzen entlangziehen oder wie ein Kragen um einen Freisitz legen, hohe Staudenbeete und frei wachsende Hecken benötigen wesentlich mehr Raum als Schnitthecken oder Kletterpflanzen an Rankhilfen. So sollten Blumenbeete um einen Sitzplatz herum eine Beetbreite von mindestens 1,2 Meter erhalten, damit die Rosen, hohen Stauden und Sommerblumen dicht und buschig heranwachsen können und dadurch standfest werden.

Bei frei wachsenden Hecken würde eigentlich für das Einsetzen der Wurzelballen eine Grabenbreite von 60 Zentimeter genügen. Da diese Hecken jedoch buschig heranwachsen und erst durch eine Vorpflanzung aus Gehölzrandstauden und Bodendeckern ihre wahre Schönheit entfalten, ist für die Kombination eine Beetbreite von mindestens 2,5 Meter zu veranschlagen.

Schnitthecken, Flechthecken und Kletterpflanzen an Treillagen kommen mit 60 Zentimeter Breite zurecht, sofern sie nicht ebenfalls eine farbenfrohe Vorpflanzung erhalten. Dies ist unbedingt zu empfehlen, denn erst durch sie nimmt die Kombination von Nützlichem und Schönen greifbare Gestalt an. Auch hier muss einiges an Platz zugegeben werden, denn bei den beliebten Staudenrabatten vor Schnitthecken ist neben der Breite der Schmuckpflanzung auch noch ein Pfad

vorzusehen, von dem aus man die Hecke trimmen und die rückwärtigen Pflanzen pflegen kann.

Tipps zur Heckenpflanzung

Für Schnitthecken den exakten Verlauf mit der Pflanzschnur markieren. Sollen davor geschwungene Beete liegen, werden deren Konturen erst mit einem Gartenschlauch ausgelegt, so dass man sie notfalls korrigieren kann. Dann für Hecke und Beet die Rasensoden abstechen und Wurzelunkräuter entfernen. Für die Schnitthecke einen 60 Zentimeter breiten Graben mindestens 30 Zentimeter tief ausheben. Dies garantiert diesen engen Pflanzungen günstige Anwuchsbedingungen und eine gute Nährstoffversorgung.

Bei Wildhecken, die man meist mehrreihig auf Lücke pflanzt, werden keine Pflanzbeete vorbereitet. Hier genügt es die robusten Wildgehölze in jeweils eigene Pflanzlöcher zu setzen.

Extravaganz trotz Platzmangel

Einen dekorativen und platzsparenden Sichtschutz bieten Flechthecken, die man an Gerüsten zieht. Dazu werden im Abstand von 2,5 Meter Pfosten mindestens 60 Zentimeter tief im Boden verankert und durch waagrechte Latten in drei oder mehr verschiedenen Ebenen miteinander verbunden. Die Gehölze pflanzt man an die vertikalen Pfosten und verflicht ihre Seitenäste an den horizontalen Latten, an denen sie fixiert werden.

Geeignete Gehölze für Flechthecken

Jeweils drei- bis vierjährige Bäume mit geradem, kräftigem Stamm von
▷ Hainbuche (*Carpinus betulus*)
▷ Rotbuche (*Fagus sylvatica*)
▷ Linde (*Tilia*-Arten)
▷ Platane (*Platanus* x *hispanica*)
▷ Stechpalme (*Ilex aquifolium*)

Flechthecken wie diese Stelzenwand aus Linden können direkt mit schattenverträglichen Gehölzen unterpflanzt werden, ohne dass diese an Wirkung verlieren. Die gestufte Bepflanzung besticht mit übers Jahr verteilten Höhepunkten: Der Balkan-Storchschnabel (Geranium macrorrhizum, vorne) blüht von Juni bis Juli, um dann von der Hortensie dahinter abgelöst zu werden. Deren gelbes Herbstlaub wiederum herrlich zum leuchtenden Rot der Fächermispel (Cotoneaster horizontalis) passt.

Beete als Raumteiler

*Die frei gestalteten Beete, die diese Terrasse vom Garten abgrenzen, machen durch die beidseitigen Doppelakzente der Kugelakazien (*Robinia pseudoacacia 'Umbraculifera'*) ihre gestalterische Funktion als Zäsur im Raum unübersehbar.*

Beete müssen sich nicht unbedingt an vorgegebene Wände, Mauern, Hecken oder Zäune anlehnen, sie können sich auch verselbständigen und als strukturierende Elemente mit ihrem Grundriss und Höhenaufbau den Garten flächig oder räumlich unterteilen. Dabei ragen sie als Raumteiler meist seitlich und kulissenartig in die Gartenfläche hinein. Einheitlich niedrig bepflanzt können sie sich linear wie Schmuckbänder oder flächig wie Teppiche in den Garten hineinschieben und ihn damit horizontal gliedern.

Je höher jedoch die Bepflanzung ist, zum Beispiel mit Ziersträuchern, Rosen und hohen Stauden, oder durch eingeschobene begrünte Spalierwände, desto räumlicher wird die Szene wahrgenommen. Durch große ein- oder beidseitige Einschübe entstehen so einzelne Gartenzimmer, die sich unterschiedlich nutzen oder bepflanzen lassen. Aber auch weniger tief hineinragende Beete nehmen dem Garten seine überschaubare Zentriertheit und gliedern ihn in einen raumbildenden Vorder-, Mittel- und Hintergrund.

Purismus oder Stilmix?

Während in klassisch formalen Gärten höhere oder niedrigere Schnitthecken sowie architektonische, mit Buchs eingefasste Beete Gartenräume symmetrisch von beiden Seiten einschneiden, können in modernen Gärten solche Raumteiler auch einseitig oder beidseitig versetzt sowie in regelmäßiger Wiederholung auftreten. Mit einheitlicher Bepflanzung (z. B. Bodendecker und formierte Immergrüne) und streng geometrischer Form (wie Rechteck, Quadrat, Dreieck usw.) dominiert ihr formaler Ausdruck über jede farbige oder freie Bepflanzung.

In freien Gestaltungen hingegen dürfen die Beete beliebig geformte, unregelmäßige Grundrisse und anmutig schwingende Höhen-Silhouetten einnehmen. Ergießen sie sich als blühende Raumteiler in ruhige Rasenflächen, lässt sich eine wechselseitige Wirkungssteigerung beobachten.

Besondere Abstecher ins Reich der Originalität ergeben sich durch spielerisches Kombinieren von Elementen beider Stilrichtungen. So können die Konturen der Beete organisch geschwungen sein, ihre Bepflanzung aber streng formiert. Andererseits können frei bewegte Pflanzungen in formalen Beeten oder in Kombination mit formierten Gehölzen erst die nötige Stabilisierung erhalten.

Gestaltungstipps

▷ Raumteiler aus immergrünen Gehölzen behalten rund ums Jahr ihre raumprägende Funktion.
▷ Ein Garten wird dann abwechslungsreich und interessant, wenn die Fläche der bepflanzten Beete (Füllflächen) und des Rasens (Leerfläche) nicht gleich groß sind.
▷ Kleine Gärten werden durch seitliche Kulissen unübersichtlich und erscheinen dadurch größer.
▷ Selbst frei gestaltete Beete haben eine streng strukturierende Wirkung, wenn sie die Gartenfläche beidseitig einschneiden und durch paarige Höhenelemente, wie formprägnanten Gehölzen, grünen Schnittskulpturen, Hochstämmchen, berankten Obelisken, bepflanzten Schalen auf Säulen oder Rosenbögen eine Blickachse vorgeben.

Oben: *Hier fungieren Schnitthecken nicht als Raum-, sondern als als Beetteiler.* Unten: *Weit in den Rasen schwingt das blasige Beet aus, in dem sich immergrüne Kleinkunst von Buchskugeln und Eibenskulpturen im originellen Stilmix abwechselt.*

Beete als Blickfang

Jede Pflanze kann im Garten zum Akzent werden. Was sie dazu macht, ist ihre designstarke Anordnung in einem kontrastierenden Rahmen, wo ihr ungewöhnliches oder überraschendes Aussehen das Auge fesselt und fasziniert.

Kontrastprogramme

Beete ziehen dann den Blick auf sich, wenn sie sich durch die Einzigartigkeit ihrer Anlage innerhalb eines konträren Umfelds behaupten. So wird ein Inselbeet im Grün einer Rasenfläche schnell zum Akzent,

▷ wenn es zentral darin liegt (Prinzip der zentralen Fixpunktes),

▷ sein Umriss streng geometrisch ist (Prinzip: Form/Fläche gegen Form/Fläche),

▷ ein pflanzliches oder dekoratives Höhenelement den Blick anzieht oder das Beet selbst höhengestaffelt komponiert ist (Prinzip: Horizontale gegen Vertikale),

▷ wenn sich das Beet durch seine Farbigkeit stark vom Rasen abhebt (Prinzip: Farbe gegen Farbe).

Unerlässlich ist Singularität. Wird ein Beet wiederholt und zu mehreren gruppiert, verliert es seine Akzentwirkung und kann höchstens im Ensemble mit den anderen Beeten auf einen neuen zentralen Blickfang hin ausgerichtet werden. Bei der Gestaltung eines Blickfang-Beetes müssen jedoch nicht alle genannten Kriterien erfüllt sein. Im Spiel mit gleichen und konträren Eigenschaften von Bepflanzung und Umfeld lassen sich immer neue, bezaubernde Spielarten schaffen.

Oben: *Formales Teppichbeet mit farbiger Sedum-Bepflanzung (*Sedum pluricaule*), formierten Buchskegeln und weißer, wildhafter* Gaura lindheimeri*.
Unten: *Von Zierlauch überspielte Efeumatte als Tablett für einen kleinodartig präsentierten Bonsai.*
Rechte Seite: *Frei gestaltetes Beet unter Korkenzieherweide mit Kriechspindel (*Euonymus fortunei *'Variegatus') und Stinkender Nieswurz (*Helleborus foetidus*).*

Ein Beet, aber auch jedes andere Garten-element in zentraler Position wird durch Blick lenkende Bögen, Durchgänge, paarig oder alleeartig angeordnete Hochstämmchen, Topiary oder Garten-accessoires verstärkt ins Zentrum der Aufmerksamkeit gerückt. Dieses Beetrondell krönt eine anmutige Tamariske (Tamarix), der ein dunkelroter Teppich von Purpurglöckchen (Heuchera-Hybride 'Stormy Seas') mit filigranen Ziergräsern zu Füßen liegt.

Beete mit Duft

Das Parfum der Jahreszeiten

Duftbeete haben im Garten zu den genannten strukturierenden Funktionen vor allem die Aufgabe, seine Erlebnisqualität zu verdichten, ihm Seele und Atmosphäre zu verleihen.

Mit duftenden Blüten und Blättern lassen sich im Beet Kompositionen aus Farbe und Aroma kreieren, die zum Wohlbefinden beitragen und darüber hinaus eine reiche Insektenwelt in den Garten locken. Duftspender findet man unter Sommerblumen, Stauden, Zwiebelblumen, Kräutern, Rosen, Sträuchern und Bäumen sowie unter Kübel- und Kletterpflanzen (siehe Tabelle im Anhang).

Höhenflug der Sinne

Mit Duftpflanzungen lassen sich also im Garten zeitlich wie räumlich kleine sensualistische Höhepunkte verteilen.

▷ Bevorzugt wird man sie an Stellen anlegen, an denen man sich oft aufhält, wie Terrasse und andere Plätze in Hausnähe. Dort können sie in Terrassenbeeten oder mobilen Topfgärten lieblichen Wohlgeruch verströmen. Für Sonnenlagen stehen besonders viele Pflanzen zur Auswahl. Alternativ kann man sich auch für Pflanzen entscheiden, die gegen Abend herrlich zu duften beginnen und damit Sommernächte romantisch verbrämen. Ähnliches gilt für Sitzplätze im Garten, die, um an heißen Sommertagen erfrischende Kühle zu spenden, häufig im Halbschatten oder Schatten liegen. Auch für diese Fälle hält die Natur vor allem mit Gehölzen und Kletterpflanzen bezaubernde Duftsortimente bereit.

Duftbeete in Sitz- und Nasenhöhe verbinden Luxus mit höchstem Komfort. Sitzplätze im Senkgarten oder in Einbuchtungen von Stützmauern bieten diese Raffinesse. In den auf den Mauerkronen residierenden Beeten können die Pflanzen zudem nicht mehr in gewohnter Aufsicht, sondern bodeneben oder gar von unten, also aus einer völlig neuen Perspektive erlebt werden. Duft kann aber auch von oben die Nase umschmeicheln, wenn sich an Pergolen, Lauben oder Laubengängen duftende Klettergehölze wie Rambler- oder Kletterrosen, Glyzinen, Geißblatt oder Reben von ihrer schönsten Seite zeigen und den Aufenthalt darunter mit einem betörenden

Blütenreigen versüßen. Umspielt man ihren oft verkahlenden Fuß mit duftenden Begleitern, wie Lavendel, Lilien oder Nelken, entstehen wunderschöne Gartenbilder und Aromainseln.

Duft kann jedoch auch von unten emporsteigen, zum Beispiel von Wegen, die von duftenden Beeten flankiert werden. Ein besonders sinnliches Element sind Duftwege, die selbst mit begehbaren Kräutern bepflanzt sind. Betritt man Römische Kamille (Chamaemelum nobile 'Treneague'), Sandthymian (Thymus serpyllum), Fiederpolster (Leptinella potentillina) oder Korsische Kriechminze (Mentha requienii), steigen Wolken ihres würzig-betörenden Aromas auf.

Linke Seite oben: *Rosen und Lavendel säumen als klassisch-nostalgisches Duftbouquet den Beetrand.*
Linke Seite unten: *Königslilien (*Lilium regale*) überziehen als Begleiter von Wollziest und Rittersporn die Mauerkrone mit süßem, schwerem Duft.*
Oben: *Die zum Laubengang geflochtenen Glyzinen duften im Mai köstlich nach Vanille.*

Nutzbeete

Gemüse, Kräuter und Früchte allein für sich, in Mischkultur untereinander oder mit Blumen und Rosen in dekorativen Schmuckbeeten anzupflanzen, findet immer mehr Zuspruch. Gerade in kleinsten Gärten, deren Anzahl ständig steigt, ist kein Platz mehr, um Zier- und Nutzbeete auseinanderzuhalten. Was liegt da näher, als ästhetische Garten- mit Gaumenfreuden zu verbinden!

Die Aufhebung der Grenzen

Nutzbeete müssen nicht länger langweilig sein. Das Sortiment an buntlaubigen Gemüsen wächst rapide und lässt sich zu den schönsten Blattspielereien arrangieren – oder aber, inspiriert vom Bauerngarten, mit Blumen kombinieren, die auch eleganteren Ansprüchen genügen.

Wer die herkömmliche Trennung zwischen Zier- und Nutzpflanze überwindet, den können Blattfarben, -formen und Texturen der Gemüse und Kräuter zu herrlichen Gestaltungen animieren.

▷ Höhenelemente wie Stangenbohnen, Erbsen, oder Klettererdbeeren an Obelisken, Beerenhochstämmchen, Spindelbäumchen oder die säulenförmigen Ballerina-Apfelzüchtungen verhindern langweilige Teppichbeete.

▷ Interessante Beeteinfassungen lassen sich mit Schnittlauch, Lavendel, Currykraut (*Helichrysum italicum*) oder Kapuzinerkresse gestalten.

▷ Als Solitär in Beeten bewähren sich hohe Nutzpflanzen mit imposanter Statur, wie Artischocken, Cardy (*Cynara cardunculus*), Engelwurz (*Angelica archangelica*) oder Bronzefenchel (*Foeniculum vulgare* 'Atropurpureum').

▷ Ganz besonders bereichern buntlaubige Gemüse und Kräuter selbst reine Schmuckbeete. Interessant sind hier vor allem Pflanzen mit langer Kulturzeit, wie roter Grünkohl 'Redbor', eleganter Palmkohl 'Nero di Toscana' oder Stielmangold 'Bright Lights' mit Adern in Regenbogenfarben, weil sie von langer Präsenz im Beet sind.

Links unten: *Inmitten heiterer Sommerblumen und roter Zinnien ('Profusion Cherry') erweist sich das große, dunkelglänzende und derbe Laub des Stielmangolds ('Bright Lights') als Halt und Blickfang fürs Auge.*

Unten: *Der Duft von Lavendel liegt über dieser anmutigen Bepflanzung, die ein Stachelbeerhochstämmchen überragt, während Kermesbeere (*Phytolacca americana*), derer Beeren zum Färben und Schminken verwendet wurden und panaschierter Meerrettich (*Armoracia rusticana* 'Variegata'), den Weg zum Lavendelbeet flankieren.*

Bald wird der Goldhop-
fen (Humulus lupulus
'Aureus') die Laube in
ein luftig-goldgrünes
Refugium verwandelt
haben, dem elegante
Teppichbeete zu Füßen
liegen. Rotlaubige
Blattsalate mit stark
gebuchteten Rändern
intonieren darin mit den
glattrandigen großen
Blättern von blaugrü-
nem Kohl ein ruhiges
gleichmäßiges Muster.

Die Gestaltung
von Beeten

Gestalten mit Silhouetten und Höhen

Es lohnt sich, bei Planung und Bepflanzung von Beeten die Höhen, Wuchsformen und Silhouetten der Pflanzen als primäre Gestaltungselemente zu beachten. Denn diese Eigenschaften sorgen für Aufbau und Struktur und sind meist von längerer Präsenz als die Farbigkeit der Blüten. Ob man Pflanzen als solitäre Skulpturen oder gesellige Gruppen verwendet, mit Bodendeckern, duftenden Polsterpflanzen oder niedrigen Sommerblumen Teppichbeete oder Duftwege (oben) flächig ausrollt oder aber mit vertikalen und runden Formen (linke Seite) raffiniert gestaffelte Pflanzentribünen errichtet, die Gestaltungsmöglichkeiten sind einfach riesig.

Erscheinungsbild und Gestaltungsfunktion der Pflanzen

Wer mit Pflanzen gestalten will, hat mit Persönlichkeiten zu tun, deren jeweilige Ausstrahlung sich durch die Summe ihrer Eigenschaften ergibt, aber auch vom Umfeld beeinflusst wird.

Gestalten als Spiel mit Eigenschaften

Gestaltungsbestimmende Pflanzeneigenschaften sind Höhe, Wuchsform und Kontur, die Farbe, Form und Größe von Blüte und Blatt, die Dauer der Präsenz sowie die Oberflächenbeschaffenheit (Textur) von Blüte und Blatt. Die Gestaltungsmöglichkeiten damit sind zahllos, wobei die reizvollsten Wirkungen durch Vergesellschaften von Pflanzen entstehen, die in einigen dieser Eigenschaften harmonieren, während sie in anderen gleichzeitig spannungsvolle Kontraste bilden.

Generelle Gestaltungsprinzipien

▷ **Terminieren.** Farbkombinationen gelingen nur, mit Pflanzen gleicher Blütezeiten. Während Gehölze als Gerüstbildner gelten, weil sie dauerhafte Formen vorgeben, sollten bei Stauden neben der Blütezeit auch Farbe und Form der Blätter, ihr Ausbreitungsdrang sowie die Dauer ihrer Präsenz bedacht werden, damit das Beet auch nach ihrem Verblühen attraktiv ist.

▷ **Kontrastieren.** Bepflanzungen werden interessant und spannend durch Gegenüberstellung gegensätzlicher Eigenschaften. Dabei ist darauf zu achten, dass die Kontrastpaare nicht gleichgewichtig sind. So sieht es besser aus, wenn man eine Säulenform nicht mit einer, sondern mit zwei Kugelsilhouetten kombiniert.

Sonniges Gelb überzieht dieses Beet Anfang Juni; von links nach rechts: Gelber Lerchensporn (Corydalis lutea), Goldmajoran (Origanum vulgare 'Aureum'), Frauenmantel (Alchemilla moliis) und dahinter die langstielige Gelbe Akelei (Aquilegia chrysantha). Farb- und Formakzente setzen die weißen Ritterspornkerzen (Delphinium-Belladonna-Hybride 'Moerheimii'). Obwohl Rittersporn mit zu den beliebtesten Leitstauden zählt, machen ihn in diesem höhengestaffelten Beet die riesigen Ligusterkugeln mit ihren geschlossenen Konturen als gerüstbildende Strukturpflanzen den Rang streitig.

*Die starken Kontraste von Blatt- und Wuchs-formen in diesem Sonnenbeet werden von der noch dominanteren Form der Amphore beruhigt und beherrscht. Zur aparten, nicht winterharten Bepflanzung zählen Binsenlilie (*Sisyrinchium stiatum*), Buchskugel, Rotbraune Segge (*Carex buchananii*), Nandina (*Nadina domestica*), Schwarzer Schlangenbart (*Ophiopogon planiscapus 'Nigrescens'*), Türkenmohn (*Papaver orientale 'Karine'*) und silberner Wollziest (*Stachys byzantina*).*

▷ **Rhythmisieren und Wiederholen.** Regelmäßiges oder unregelmäßiges Wiederholen von Formen- und Farbgruppen innerhalb großer Beete und Rabatten, aber auch innerhalb des Gartens, sorgt für markante Statik oder ein bewegtes Gleichgewicht.

▷ **Reduzieren.** Vor allem in kleinen Gärten sollte man harmonischeren Szenen zuliebe nie alle Farben und Formen einsetzen und kombinieren.

Pflanzencharakter und Gestaltungsfunktion

Die Beetgestaltung basiert auf dem Erscheinungsbild der Pflanzen und bedient sich dabei einer optischen Rangordnung. Dabei ist jedoch keine Pflanze fest einer Kategorie zugeordnet, sondern erhält ihren Rang erst durch die ihr zugewiesene Funktion im Beet und die Pflanzennachbarn.

▷ **Leitpflanzen** übernehmen die Führung im Beet. Meist sind es hohe, auffallende Blütenstauden,

Gräser oder Farne, die je nach Größe oder Wuchsform einzeln oder in kleinen Gruppen rhythmisch übers Beet verteilt werden.

▷ **Begleit- oder Geselligkeitspflanzen** sind mittelhoch bis niedrig, werden um die Leitstauden platziert und können verschiedene Aufgabe erfüllen. So unterstützen sie bei gleicher Blütezeit die Wirkung der Leitstauden oder ergänzen die Phasen vor und nach deren Auftritt durch Blüten oder ihr dekoratives Laub. Dabei werden sie stets in größerer Stückzahl als die Leitstauden verwendet.

▷ **Füllpflanzen** können zwischen den Gruppen im Vorder- oder Hintergrund farbliche Akzente setzen (wie Sommerblumen, Zwiebel- und Knollenpflanzen) oder aber durch Laub und dekorative Wuchsform die Pflanzung beruhigen (wie Gräser und Farne). Auch Bodendecker im Vordergrund von Beeten zählen dazu.

Die prächtige Stauden-
rabatte erhält durch die
gleichmäßig rhythmi-
sche Wiederholung der
hohen Pulks des Blut-
weiderichs und dessen
Aufsehen erregende
violettrote Ähren fulmi-
nante Wucht. Die im
Juli/August brillierende
Anlage beweist zudem,
dass Pflanzen keines-
wegs nur Höhen ge-
staffelt angeordnet wer-
den müssen. Große
Rabatten vertragen es
sehr gut, wenn als bele-
bendes Element auch
einmal hohe Stauden
in den Vordergrund
rücken. Die meisten
Stauden dieser Rabatte
haben übrigens wildhaf-
ten Charakter. Von links
nach rechts: Blutweide-
rich (Lythrum salicaria),
Königsspiere (Filipen-
dula rubra), Langblätt-
riger Kerzenehrenpreis
(Pseudolysimachion lon-
gifolium), Blutweiderich,
Goldrute (Solidago-
Hybride), Kandelaber-
Ehrenpreis (Veronicas-
trum virginicum 'Alba'),
Blutweiderich. Groß-
flächig im Hintergrund:
Roter Wasserdost (Eupa-
torium purpureum).

Wuchsformen und -höhen

Stellenwert und Rangordnung einer Pflanze werden maßgeblich von Wuchsform und Höhe bestimmt, Eigenschaften, die auch Beete und Rabatten charaktervoll prägen können.

Wuchsform und Wirkung

Die Formintensität einer Pflanze wird durch ihre Silhouette bestimmt. Je geschlossener das Umrissbild erscheint, desto prägnanter ist ihre Wirkung in Kombinationen. Neben geschlossenen Konturen, wie Kugel, Kegel oder Säule, die besonders schwer und dominant wirken, lassen sich offene Konturen unterscheiden, zum Beispiel mit stufigem, etagenartigem oder dicht mehrtriebigem Wuchs, während man bei noch weiterer Leichtigkeit und Auflösung, zum Beispiel bei der filigranen Grafik von Gräsern oder fein verästelten Gehölzen, von Struktur spricht.

Interessant fürs Gestalten sind besonders typische Formcharaktere, die jeweils unter sich aber auch miteinander kombiniert werden können.

▷ Schlanke Vertikalformen, wie säulenförmige Koniferen, pfeilerartige Großstauden und Gräser, sind dominante Blickfänge, die dymanisch den Blick nach oben führen.

▷ Rund- und Kuppelformen, wie Buchskugeln oder Stauden mit halbrunden Konturen, verbinden Prägnanz mit richtungsloser Statik, zentrieren den Blick auf sich und wirken deshalb in lebhaften Pflanzungen besonders beruhigend.

▷ Horizontalformen, wie breitkronige Gehölze, Stauden wie Purpurfetthenne (*Sedum*) oder Schafgarbe (*Achillea*), aber auch Bodendecker

Oben: *Wellenförmige Blütenwogen beherrschen diese Rabatte, in der nur Stauden mit halbrunden Konturen in rhythmischer Wiederholung schwingend versetzt und höhengestaffelt angepflanzt wurden.*
Unten: *Die pultförmig ansteigende Rabatte lebt vom Kontrast runder und vertikaler Pflanzenformen sowie vom Gegensatz der warmen Gold- und Grüntöne, die sich apart vom kühlen Silber der eingestreuten Artemisie absetzen.*

halten den Blick nicht fest, sondern lenken ihn weiter. Damit er nicht ins Leere geht, sollte man ihn zu einem Kontrast- oder Ruhepunkt führen oder Pflanzen mit horizontalem Wuchs an anderer Stelle wiederholen.

▷ Formen mit schräg aufstrebendem Wuchs sprühen vor Lebendigkeit. Sie strahlen über ihren eigenen Grundriss hinaus und wirken am schönsten, wenn ihnen viel Freiraum gewährt wird.

Gestalten mit Wuchsformen

Jeder Beetaufbau kann mit Höhen und Wuchsformen sehr variabel experimentieren. Darüber hinaus darf man nicht vergessen, dass Pflanzen, die in Wuchsform und Höhe eher zurückhaltend sind, in größeren Gruppen markanter wirken.

▷ Pultförmige Staffelung. Diese einseitig ansteigende, nach Höhen gestufte Pflanzung präsentiert Pflanzen in Rabatten charmant und gewährt ihnen gute Lichtverhältnisse.

▷ Pyramidale Staffelung bevorzugt man bei allseits einsichtigen Beeten, deren Bepflanzung rundum kegelförmig zu einem Höhepunkt ansteigt.

▷ Wellenförmig bewegte Bepflanzungen arbeiten mit versetzt gepflanzten kuppelförmigen Silhouetten von Stauden und Gehölzen, deren Höhen kaum differieren.

▷ Der Wechsel von Rund- und Vertikalformen bringt besonders lebendige Beete hervor.

▷ Teppichbeete hingegen wirken aufgrund ihrer einheitlichen Höhe streng und statisch, auch wenn sie Muster von Farben oder Texturen tragen.

Die pyramidale Staffelung eines Beetes kann auch durch Anhäufelung der Erde im Beet unterstützt werden. Hier erheben sich über einem duftenden Lavendelteppich ('Munstead Variety') die kerzenähnlichen Blüten des Blutweiderich (Lythrum salicaria) zu kegelförmiger Kontur, wobei die runden Blütenköpfchen der Kugeldistel (Echinops ritro) verspielt zwischen beiden vermitteln.

Gestalten mit Größen, Formen und Texturen

Auch mit den formalen Eigenschaften von Blättern und Blüten lassen sich hinreißende Beete gestalten. Dazu zählen ihre jeweilige Form, Größe und Textur. Je nachdem, ob man sie kontrastierend gegeneinander absetzt oder rhythmisch wiederholt, werden die unterschiedlichsten Effekte erzielt. Die Einfassung des Sitzplatzes (oben) spielt mit dem regelmäßigen Gegensatz von Größe und Form der Blätter von Hortensie und Liguster, deren Textur als grob und fein beschrieben werden kann und apart mit der glatten Tischfläche harmoniert. Wie anders wirkt der unregelmäßig naturhafte Blütenkontrast (linke Seite) der schlanken Ähren des Kerzen-Knöterichs (Bistorta amplexicaulis) mit mittlerer Textur vor den filigranen Blüten des Chinabeifußes (Artemisia laktiflora 'Rosa Schleier' mit seiner sehr feinen Textur.

Blüten und Blätter als Ausdrucksmittel der Gestaltung

Beete, die mit den formalen Eigenschaften der Größe oder Form von Blüten oder Blättern gestaltet wurden, kommen dann am markantesten zur Geltung, wenn man die Farbe zurücknimmt, das heißt in blütenlosen grünen oder monochromen (einfarbigen) Beetbepflanzungen.

Blütenformen und -größen

Auch im kleineren Kosmos der Blüten wiederholen sich prägnante Grundformen mit ihren unterschiedlichen Wirkungen.

▷ Horizontal muten zum Beispiel tellerartig flache Dolden an, die vorwiegend in einer Höhe stehen, wie Schafgarbe (*Achillea*), Fetthenne (*Sedum telephium, S. spectabile*) und Brennende Liebe (*Lychnis chalcedonica*), aber auch große Körbchenblüten mit dichtem Wuchs, wie Sonnenhut (*Rudbeckia fulgida* var. *sullivantii* 'Goldsturm').

▷ Vertikale Blüten sind in Form straff aufrechter Kerzen in allen Größen und über alle Blütezeiten vertreten: im Frühsommer bei Rittersporn (*Del-phinium*) und Lupine (*Lupinus*), im Hochsommer bei Steppenkerze (*Eremurus*), Königskerze (*Verbascum*) oder Ehrenpreis (*Pseudolysimachion longifolium*) und im Herbst bei Eisenhut (*Aconitum carmichaelii*). Gerade die hohen, aufrechten Blütenformen sind sehr ausdrucksstark und verleihen den Stauden die Rangordnung von Leitstauden. Anders dagegen die kleineren, höhenreduzierten Kerzenformen, wie Sommersalbei (*Salvia nemorosa*) oder Scheckenknöterich (*Bistorta affine*). Sie sind typische Begleitpflanzen, die gern flächig gepflanzt werden und dabei mit vertikaler Texturierung der Fläche bezaubern.

▷ Runde Blüten mit ihren klar konturierten Kugelformen, wie Zierlauch (*Allium*) oder Kugeldistel (*Echinops*), können spielerisch unterschiedlichste Formen verbinden, wirken aber auch für sich als Blickfang.

▷ Überhängende Blüten, wie sie Tränendes Herz (*Dicentra spectabilis*), Taglilien (*Hemerocallis*), Montbretien (*Crocosmia*) und viele Gräser auf-

Unten links: *In extravaganten Formkontrasten fördern sich Stacheliger Bärenklau (*Acanthus spinosus*) und Riesenlauch (*Allium giganteum*) gegenseitig in ihrer Blütenwirkung.* Unten rechts: *Durch gleiche Farbigkeit tritt die Groß- und Kleinteiligkeit der Blüten von Edelgarbe (*Achillea-Hybride 'Fanal'*) und Sonnenbraut (*Helenium-Hybride 'Moerheim Beauty'*) besonders hervor.*

weisen, können nur bei genügend Freiraum ihre anmutig schwingende Wirkung entfalten.

Unten links: *Zum spät-sommerlichen Blüten-reigen in zwei Farben und Formen begegnen sich hier Sonnenauge* (Heliopsis helianthoides var. *scabra*) *und Rie-senehrenpreis* (Veroni-castrum virginicum *'Album').*
Unten rechts: *Ganz in kühle Zweifarbigkeit getaucht beherrscht das Trio von Pfingstrose* (Paeonia)*, Sommersal-bei* (Salvia nemorosa) *und Knautie* (Knautia macedonica) *das Spiel mit unterschiedlichen Blütengrößen und -formen.*

Gestalten mit Blüten und Blättern

Für Blüten wie Blätter gelten die gleichen allge-meinen Gestaltungsregeln.

▷ Größenausgleich. Wer große Blüten oder Blätter mit jeweils kleinen kombiniert, sollte das optische Gewicht der großen Formen durch eine größere Menge kleiner Formen ausgleichen.

▷ Formkontrast. Blüten- wie Blattarrangements können mit Formkontrasten spielen. Ein klassi-scher Blattkontrast, den Karl Foerster als »Harfe und Pauke« bezeichnete, setzt flächige Blätter (z. B. Bergenie) gegen lineare (z. B. Iris, Taglilie).

▷ Überstellung. Blüten, die an langen Stängeln über dem Laub stehen, wie Zierlauch, Kugeldis-teln oder Schleier-Eisenkraut (*Verbena bonarien-sis*) können wie pointillistische Farbtupfer über Stauden schweben, wie einjähriges Schleierei-senkraut über Fetthenne (*Sedum telephium*).

Zum Begriff Texturen

Wenn auch in der Fachwelt umstritten und nicht eindeutig definiert, vermag der Begriff der Textur die Wahrnehmung der Pflanzen zu schärfen und das Gestalten mit ihnen zu fördern. Er dient vor-wiegend zur Kategorisierung von Blattmerkmalen und wird häufig als Zusammenschau von Größe und interner Blattuntergliederung verstanden. Diese Qualitäten von Blättern werden in fünf Texturstufen eingeteilt:

▷ sehr grob (z. B. Tafelblatt, *Astilboides tabularis*),

▷ grob (z. B. Frauenmantel, *Alchemilla mollis*),

▷ mittel (z. B. Flieder, *Syringa vulgaris*),

▷ fein (z. B. Kissenaster, Aster dumosus),

▷ sehr fein (z. B. Fenchel, *Foeniculum vulgare*).

Andere weiten den Begriff Textur auch auf Blüten und Habitus aus, während dritte darunter eher optische und taktile Oberflächenqualitäten des Laubes verstehen, wie zum Beispiel glänzend, stumpf, glatt, rau, samtig, derb verstehen (siehe dazu Seite 84/85).

Zurückhaltung und dezente Farbigkeit zugunsten delikater Spiele mit Wuchs- und Blattformen ist das Motto dieser Teichrandbepflanzung. Über dem gelben Blütenteppich des Pfennigkrauts (Lysimachia nummularia) streben Pflanzengestalten mit markantem Wuchs dem Licht entgegen: rundliche Funkien (Hosta), ein Königsfarn (*Osmunda regalis*) mit Trichterform und als straff aufrechte Vertikale der Einfache Igelkolben (Sparganium emersum) sowie elegant weiß liniert die Asiatische Sumpfschwertlilie (Iris laevigata 'Variegata'). Die Blattformen hingegen experimentieren mit dem Kontrast von »Pauke und Harfe«, also mit der Gegenüberstellung von schwertförmigen oder linearen Blättern mit rundlichen von Primeln (Primula alpicola), Seerosen und Funkie.

Gestalten mit Farben

Wen wundert, dass bei Beeten die Farbgestaltungen die größte Faszination ausüben? Finden doch Farben wie Töne und Düfte direkten Zugang zu Seele und Gefühlen. Zweifellos erleichtern Farbrezepte das Gestalten. Dennoch ist die persönliche Erfahrung mit Pflanzen, Sorten und ihren Nuancen von unschätzbarem Wert. Denn feinsinnige, individuelle und originelle Beetkompositionen sind immer auch das Lernergebnis eines einfühlsamen Umgangs mit Farbwirkungen, die sich aus dem Miteinander der Pflanzen ergeben. Wer einmal begonnen hat, dem nachzuspüren, wird süchtig nach immer neuen Experimenten. Deshalb am besten die Lust auf Farbe mit Mut zur eigenen Kreativität stillen!

Kleine Farbenlehre

*Die volltonigen Grund-farben Gelb (*Heliopsis helianthoides *var.* sacra *'Mars' und* Alchemilla mollis*), Rot (*Hemero-callis*-Hybriden 'Top Priority' und 'Mallard' sowie* Achillea*-Hybride 'Walter Funke') und Blau (*Delphinium*-Hyb-ride) tragen kräftig auf und bilden im Neben-einander oft harte, un-harmonische Kontraste, wenn nicht wie hier das grüne Laub als Vermittler wirkt. Dann versprühen sie vitale Lebensfreude und evozieren mutige, leb-hafte Bilder wie aus dem Bauerngarten.*

Farben sind sichtbares Licht. Physikalisch gese-hen sind Pflanzentöne das von einer Blüte, einem Ast oder Blatt zurückgeworfene Restlicht mit einer bestimmten Wellenlänge, die von der jeweiligen Gewebestruktur nicht absorbiert, sondern reflek-tiert wird. Sie sind ein faszinierend sinnliches, aber auch verwirrendes Phänomen, das gern auf einige handfeste Leitregeln zurückgreifen lässt.

Der Kodex der Farben

Die Grund- oder Primärfarben sind Rot, Blau und Gelb und werden als reine Farben verstanden, weil sie nicht durch Mischung zustande kommen. Alle anderen existierenden Farben und Töne ent-stehen durch Mischungsverhältnisse der Grund-farben sowie durch Aufhellen mit Weiß oder Ab-dunkeln mit Schwarz, den beiden sogenannten nichtbunten Farben.

Wer sich die theoretische Welt der Farben weiter erschließen möchte, bedient sich am besten der Hilfe des regenbogenartigen Farbkreises, in dem zwischen den Grundfarben die Sekundärfarben liegen. So ergeben sich durch Mischung der Grundfarben Orange, Violett und Grün, von denen jede Farbe je nach Mischungsverhältnis unterschiedliche Nuancen annehmen kann. Pastellfarben entstehen aus all diesen Tönen durch Mischen mit Weiß, wobei sich die Palette um ein Vielfaches erhöht durch unterschiedliche Mengenzugaben von Weiß. Die gleichen Möglich-keiten der Farbabstufungen bestehen übrigens beim Abschattieren mit Schwarz.

Als warme Farben gelten Gelb, Orange und Rot, die auf der einen Seite des Farbkreises liegen. Kühl hingegen wirken Blau, Türkis und Grün, die auf dem Farbkreis gegenüber platziert sind. Komplementärfarben sind kontrastierende Farb-paare aus einer Grundfarbe und der sich aus der Mischung der beiden anderen Grundfarben ergebenden Sekundärfarbe, also Rot und Grün, Blau und Orange sowie Gelb und Violett.

Farbwirkungen

Auch wenn sich Farben durch physikalische Messwerte objektivieren lassen, der Gärtner sollte sie nicht wie starre Bauklötze handhaben, son-dern sich wie ein Maler ihrer Wirkungen bewusst sein und davon inspirieren lassen.

▷ So sind Blüten- und Blattfarben abhängig von der Textur. Glänzende Oberflächen intensivieren die Farben, während matte Oberflächen sie ge-dämpfter und heller erscheinen lassen.

▷ Warme Töne wirken optisch nah und können deshalb winzige Gärten zusätzlich verkleinern.

▷ Kühle Töne hingegen treten optisch zurück. Arrangiert man diese Farben in den Hintergrund kleiner Gärten, erscheinen diese größer.

▷ Farben im Garten sind aber auch abhängig vom Lichteinfall. Dies bedeutet, den Standort zu bedenken. So bringt Sonnenlicht kräftige Farben zur Geltung, während Pastelltöne im grellen Licht ihr Fluidum verlieren. Sie wiederum entfalten erst im Halbschatten oder unter Bäumen ihre hauch-zarte Romantik und streuen Licht in dunkle Be-reiche. Aber auch das Wetter mit Sonne und trü-ben Tagen, die Tages- und Jahreszeiten verleihen den Farben changierenden Charakter.

▷ Vor allem aber werden Farben durch ihr Umfeld beeinflusst. Gertrude Jekylll (1843–1932), selbst ausgebildete Malerin, wies Zeit ihres Lebens dar-auf hin, dass eine Farbe für sich allein keine Wir-kung zeige, sondern erst im Zusammenspiel mit anderen Farben. So lässt eine dunkle Einfassung ein Beet kleiner erscheinen, eine helle hingegen größer. Komplementärfarben, die die stärksten Kontraste bilden, intensivieren bei ungleichwer-tiger Verwendung gegenseitig ihre Wirkung.

Möglichkeiten der Gestaltung

Gertrude Jekyll befürwortete wie Robinson harmo-nische Farbgruppierungen. Diese ergeben sich

▷ bei einfarbigen (monochromen) Bepflanzungen,

▷ bei Ton-in-Ton-Kombinationen, also mit Farben in verschiedenen Abstufungen (Farbwerten),

▷ bei Beeten in Farbverläufen, das heißt mit be-nachbarten Farben aus dem Farbkreis,

▷ sowie mit Bepflanzungen in rein kühlen oder rein warmen Farben.

Wer hingegen spannungsvollere, lebhafte Gestal-tungen bevorzugt, setzt auf kontrastreiche Zwei-oder Dreiklänge, wobei sich harte Farbkonfronta-tionen durch vermittelnde Begleitpflanzen in Weiß, Silber, Grau oder Grün beruhigen lassen. Blüten in dezenten Farben behaupten sich neben farbinten-siven jedoch nur, wenn sie in größerer Menge ein-gesetzt werden.

Im Unterschied zu lau-ten Grundfarben ver-binden sich weiche Pastelltöne zu einer har-monischen Liaison und ergeben Bilder von an-mutiger Eleganz, wie hier Riesenglockenblu-me (Campanula lacti-flora 'Loddon Anne'), Vexiernelke (Lychnis coronaria 'Alba') und Astilbe (Astilbe-Arendsii-Hybride 'Bressingham Beauty').

Grün – vom Statist zum Hauptdarsteller

Grün wird meist als untergeordnet empfunden, das als neutraler Pflanzenteil zwischen disharmonischen Blütenfarben vermitteln kann. Dabei bestritt es schon ganze Gartenanlagen, wie im italienischen Renaissancegarten, im Englischen Landschaftsgarten oder im Japanischen Garten, die alle bewiesen, dass es als eigenständige Farbe reizvolle Gestaltungen ermöglicht.

Blätter als Träger der Farbe

Es gibt zwar einige grüne Blüten, dennoch ist die Farbe im Garten primär ans Laub gekoppelt. In grünen Bepflanzungen greift man gerne auf immergrüne Laubgehölze wie Eibe (*Taxus*), Buchs (*Buxus*) oder Stechpalme (*Ilex*), auf Koniferen und Bodendecker oder auf Blattschmuckstauden zurück, die über die ganze Vegetationsperiode dekorative Blätter aufweisen, wenn sie nicht gar winter- oder immergrün sind. Zusammen mit Gräsern und Farnen bilden sie die so genannten Strukturpflanzen, die neben dauerhaft attraktivem Laub auch ausdrucksstarke Blatt- und Wuchsformen in sich vereinen.

Wer nicht gerade einen ganzen Garten der Farbe Grün widmen möchte, kann sonnige Plätze für bunte Sommerblumen, Beet- und Prachtstauden reservieren, halbschattige und schattige Bereiche vor Gehölzen jedoch feinem Grün vorbehalten. Hierfür gibt es auch die größte Auswahl an Blattschmuckpflanzen.

Mit ihnen zu gestalten ist vielschichtig, denn es verlangt, im Umgang nicht nur die verschiedenen Grüntöne, sondern auch andere Blattmerkmale wie Texturen, Formen und Oberflächen zu berücksichtigen.

Tipps zum monochromen Gestalten

▷ Grüne Beete vor einem dunklen Hintergrund, zum Beispiel einer Eibenhecke, werden am besten in hellgrünen Tönen gehalten. Umgekehrt sollte vor einer hellgrünen Buchenhecke Dunkelgrün überwiegen.

▷ In Kombinationen setzt man Pflanzen in hellem Grün wegen dessen hoher Leuchtkraft in geringerer Menge ein als mittel- oder dunkelgrüne.

▷ Ebenso sollte man Pflanzen mit groben Tex-

Unten links: Eine Pflanzung wird nicht nur durch unterschiedliche Blattformen belebt, auch das einfallende Licht verleiht dem Grün des Trichterfarns (Matteuccia struthiopteris) vielschichtige Nuancen.

Unten rechts: Wie gewaltige Schirme thronen die bis 2 Meter großen Blätter von Gunnera manicata über Blüten und Laub der Japanischen Etagenprimeln (Primula japonica). So imponierend die mächtige Gunnera ist, sie muss frostfrei überwintert werden. Beide Beispiele beweisen ferner: In grünen Kombinationen genießt es das Auge doppelt, wenn ihm mit Rot oder Weiß – wie hier mit Waldmeister (Galium odoratum) – etwas Abwechslung geboten wird.

Um Monotonie zu vermeiden, sollten größere einfarbige Beete mit Wuchsformen und Höhen spielen. Dabei setzt dieses grüne Arrangement mit Buchsweiblein, rundbuschig überhängendem Efeu (Hedera helix), Hortensie (Hydrangea) und Lorbeerkirschen-Stämmchen (Prunus laurocerasus 'Caucasia') auf vorwiegend immergrüne, unkonventionell formierte Gehölze.

turen (mit großflächigen derben Blättern) sparsamer als feintexturierte verwenden sowie in kleinen Nischen oder Gärten wegen ihres markanten optischen Gewichts auf sie verzichten.

▷ Pflanzen mit feinen Texturen werden nie flächig gesetzt, da sie unstrukturiert wirr wirken.

▷ Harmonische Pflanzungen entstehen, wenn von den Blattmerkmalen Farbton, Textur, Form und Oberfläche nur eines kontrastiert und dabei rhythmisch variiert wird. Grundsätzlich sollte man

Grünlaubige Blattschmuckstauden

▷ Frauenmantel (*Alchemilla mollis*)

▷ Bergenie (*Bergenia*-Arten/-Hybriden)

▷ Brunnera (*Brunnera macrophylla*)

▷ Elfenblume (*Epimedium*-Arten/-Sorten)

▷ Funkie (*Hosta*-Arten/-Hybriden)

▷ Salomonssiegel (*Polygonatum*-Arten/-Hybr.)

▷ Schaublatt (*Rodgersia*-Arten)

nie zu viele verschiedene Grüntöne und Texturen in einem Beet verwenden.

▷ Spannungsreiche Kombinationen hingegen spielen mit den Kontrasten von zwei bis drei Eigenschaften, sollten aber keine große Flächen überziehen, da sie sonst zu unruhig erscheinen.

Illusionsmalereien mit Grün

Warmes Grün, sehr grobe bis grobe Texturen und glänzende Oberflächen wirken optisch nah. Blau-, Dunkel- und Graugrün, feine bis sehr feine Texturen sowie matte Oberflächen erscheinen fern. Addieren sich die Merkmale, verstärkt sich die Wirkung. Um einem kleinen Garten optisch Tiefe und Größe zu verleihen, setzt man deshalb Pflanzen mit Nähe erzeugenden Eigenschaften in den Vordergrund, Pflanzen mit »Fernwirkung« in den Hintergrund. Einen langen Garten hingegen verkürzt man durch Umkehr dieses Prinzips.

Weiß, Silber und Grau – Mondscheinfarben

Weiß, Silber und Grau beginnen im Halbdunkel zu strahlen, weil sie mehr Licht reflektieren als absorbieren. Nachtschwärmer und Pflanzenliebhaber, die erst abends Zeit für den Garten finden, sind deshalb gut beraten, diese Töne in Sitzplatznähe zu holen. Auch sonst werden sie gerne über einen Kamm geschoren und als neutrale Farben bezeichnet, die zwischen Disharmonien vermitteln können. Dies ist bei genauer Betrachtungsweise jedoch nur bedingt richtig.

Facettenreiches Weiß

Weiße Blüten können in hartem Reinweiß erstrahlen oder von einem zarten Vanille-, Rosa-, Apri-kot-, Gras- oder Aubergineton überhaucht sein und damit unterschiedliche Wirkungen erzielen. Größere reinweiße Blüten, wie von Bechermalven (*Lavatera trimestris* 'Mont Blanc') oder weißen Kosmeen (*Cosmos bipinnatus*), werden Kontraste zwischen Nachbarn in kräftigen oder grellen Farben noch vertiefen. Anders jedoch die filigranen und wolkenartigen Blüten von Meerkohl (*Crambe cordifolia*) oder Schleierkraut (*Gypsophila paniculata*), die sich in ihrer Transparenz mit Tönen des Umfelds vermengen.

Blüten in gebrochenem Weiß hingegen lassen Übergänge sanfter erscheinen und harmonieren auch besser mit Volltönen.

In diesem Sommerblumenbeet bilden die weißen Kosmeen (Cosmos bipinnatus 'White') lebhaft kräftige Kontraste zu den kühlen Farben der Dahlie ('Ted's Choice'), des Schleiereisenkrauts (Verbena bonariensis), der Zinnie (Zinnia elegans 'Benary's Riesen Lila') sowie zum blauen Leberbalsam (Ageratum houstonianum 'Blue Horizon').

Harmonie und romantische Eleganz verströmt diese Gestaltung mit Sommerblumen, die sich auf das Weiß der Dahlie 'White Mark', das Silber des Mehlsalbeis (Salvia farinacea) und die Grüntöne der Sommerzypresse (Bas-sia scoparia) und des Schnees-auf-dem-Berge (Euphorbia marginata) beschränkt.

In sonnigen Beeten wirken weiße Pflanzen bezaubernd, wenn man sie mit sanften Pastelltönen und silbrig-grauem Laub kombiniert oder nur eingestreut zwischen Volltönen verwendet. Auch Gelb mit Weiß sieht anmutig aus, wie die gelbweiße Tulpe 'Sweetheart' über weißer Gänsekresse (*Arabis caucasica*) oder gelbe Rosen über Duftsteinrich (*Lobularia maritima*). Mächtige Rabatten können allerdings auch durch große weiße Pulks Rhythmik und Struktur erhalten (Foto Seite 68). Im Schatten hingegen harmonieren die meist kleineren Blüten und weißen Blattzeichnungen der Schattenstauden gut mit allen Nachbarn und erhellen gleichzeitig die dunklen Gartenpartien.

Silber und Grau als Alleskönner

Silbrige und graue Blätter sind das Ergebnis feiner Härchen oder Wachseinlagerungen, die die Blattoberflächen vor Wind und Sonne schützen. Alle silbernen und graulaubigen Pflanzen sind also Sonnenanbeter und vermögen selbst unter grellem Licht zwischen allen Farben zu vermitteln. Sie passen zu warmen Tönen wie Gelb und Orange (Foto Seite 64/65) ebenso wie zu kühlem Purpur, Rosa und Blau. Auch untereinander ermöglichen sie variantenreiche Kombinationen mit weiß-wolligem Filz von Wollziest (*Stachys byzantina*) bis zu Blau- oder Grüngrau. Eine bewährte Auswahl enthält die Tabelle im Anhang.

Einfarbige Beetbepflanzungen

Monochrome Bepflanzungen sind artifizielle Konstrukte von überwältigenderem Eindruck, als ihn die Natur kreiert. Gerade darin liegt wohl auch ihr Reiz – sowohl beim Betrachten wie beim Konzipieren. Der Gleichklang der Farben hat ferner zur Folge, dass Formen verstärkt zur Wirkung kommen. Deshalb sind Höhen, Wuchsformen, Blütezeiten, Blütenformen und -farben sowie die Blattmerkmale feinsinnig aufeinander abzustimmen.

Weiße Beete

In diesen ätherisch eleganten Anlagen spielt das Laub eine große Rolle. Je mehr Grün in warmen, kalten oder weißbunten Varianten, silberne und graue Blätter, aber auch rötliche und braune Laubtöne aufgenommen werden, desto lebhafter wird das Beet. Im Hintergrund bilden weiß-panaschierte Sträucher, wie Spindelstrauch (*Euonymus fortunei* 'Silver Queen'), Sträucher mit silbernem Laub, wie Weidenblättrige Birne (*Pyrus salicifolia*), mit dem dunklen Immergrün von Eiben (*Taxus*) oder mit weißen Blüten von Flieder (*Syringa-Vulgaris*-Hybriden) oder Schneeball (*Viburnum*) eine anmutige Kulisse. Belebend wirken in Weiß auch einige eingespenkelte Akzente von Gelbgrün, Violett oder Blau.

Blaue Beete

Blaue Gärten mit ihren blauen und violetten Tönen umgibt eine Aura geheimnisvoller Stille, die durch graues oder blaugrünes Laub noch verstärkt wird. Auch wässriges Lichtblau, tiefes Violett und Aubergine können als Vermittler wichtige Funktionen erfüllen. Einen wesentlichen Beitrag leisten in der Vertikalen die vielen »blauen« Clematis-Sorten. Gertrude Jekyll wies darauf hin, dass es in solchen Gärten nicht nur auf blaue Blüten ankäme, sondern auf das gelungene Resultat und schlug vor, Weiß, Creme oder Gelb behutsam in blauen Beeten einzusetzen, um dem gedämpften Bild einen erfrischenden Impuls zu verleihen. Auch das gelbgrüne Laub von Frauenmantel (*Alchemilla mollis*), Spindelstrauch (*Euonymus fortunei* 'Emerald 'n Gold'), Spierstrauch (*Spiraea japonica* 'Goldflame') sowie von gelbgrünen Funkien (*Hosta*) und Gräsern kann Blau zu heiterem Leben erwecken. Wer jedoch im elegischen Stimmungsbild bleiben möchte, wird stattdessen einige Pink- oder Lilatöne einstreuen.

Rote Beete

Rot kann, je nachdem ob es sich als warmtoniges Scharlachrot oder kühles Purpurrot präsentiert, erstaunlich unterschiedliche Stimmungen entfalten. Auch wenn sich warme und kalte Töne oft zu aparten Bildern vereinen, sollte man diese Verquickung innerhalb einer Farbe sicherheitshalber vermeiden. Denn oft werden Farbklänge von konträren Zwischenfarben desselben Tons (wie Gelbrot mit Violettrot) als Missklänge empfunden.

Beete in kühlem Rot wirken oft zurückhaltend bis extravagant oder poetisch. Hier dürfen Karminrot, Purpur und Violettrot mit Blüten in Pastelltönen oder Laub in grauen, silbrigen, schwärzlichen und braunen Nuancen spielen. Ideale Vermittler sind Spornblume (*Centranthus ruber*) und Fetthenne (*Sedum spectabile* oder *Sedum telephium*), deren pudrig-staubige Töne sich gerne unterordnen oder zu malerischen Impressionen mit eingetupftem Blauviolett zerfließen.

Beete in warmen Rottönen drängen hingegen feurig und laut nach vorne. Blütenfarben im Ziegel-

Im weißen Beet tummeln sich zu Füßen des weißen Sommerflieders 'White Profusion' und der Hortensie 'Lanarth White' die weißen Blüten von Herbstanemone (Anemone-Japonica-Hybride 'Honorine Jobert') und der Vexiernelke (Lychnis coronaria 'Alba') zum gelbgrünem Laub des Frauenmantels und dem Silbergrau von Weinraute (Ruta graveolens) und Silberehrenpreis (Pseudolysimachion spicatum ssp. incanum).

Einen Platz an der Sonne simuliert diese Bepflanzung mit warmen und kühlen Facetten von Gelb. Unter dem Blütendach des Goldregens (Laburnum) treffen sich graulaubige Staudenschönheiten wie Junkerlilie (Asphodeline lutea) und die frostempfindliche grüngelbe Euphorbie (Euphorbia characias ssp. wulfenii) zum Disput mit violetter Iris (Iris-Barbata-Elatior-Hybride).

*Diese dramatische Kombination zeigt, dass sich Sommerblumen nicht nur für schlichte Bauerngarten-Arrangements eignen. Die bizarren Blüten des Fuchsschwanzes (*Amaranthus hypochondriacus *'Pigmy Torch')* thronen über dem leuchtenden Rot des Ziertabaks (*Nicotiana x sandera*). Beispielhafte Begleiter sind silbriges Kreuzkraut (*Senecio-*Hybride) und dunkellaubige Iresine (*Iresine lindenii*).*

und Zinnoberrot von Fackellilien (*Kniphofia*) und Montbretien (*Crocosmia*) finden Korrespondenzen bei vielen Sommerblumen, wie Kapuzinerkresse (*Tropaeolum*), Scharlachlobelie (*Lobelia fulgens*) oder Zinnien. Ein Klassiker ist die in England hochgeschätzte Dahlie 'Bishop of Llandaff', die scharlachrote Blüten über dunklem Laub trägt. Rost- und Kupfertöne können ebenso auflockern und beruhigen wie das schwarzbraune oder bronzefarbene Laub von Purpurglöckchen (*Heuchera micrantha* 'Palace Purple') oder Roter Berberitze (*Berberis thunbergii*). Noch sprühender hingegen werden scharlachrote Gestaltungen durch gelbgrüne Begleiter. Und im Herbst können Gehölze mit feuriger Färbung im Hintergrund das Beet erneut zum Glühen bringen.

Gelbe Beete

So heiter und sonnig ihr Wesen erscheint, so dominant schieben sie sich nach vorne und wirken stets größer als sie eigentlich sind. Warme sonnengelbe Töne können zusammen mit kühlen zitronen- oder schwefelgelben, Weiß oder Silber einen duftigen Farbverlauf skizzieren. Während warmgelb gesättigte Beete durch kleine Intermezzi von Orange und Braun, Weiß und Silber aufgelockert werden, verbinden sie sich zusammen mit Blau und Violett zu stärksten Komplementärkontrasten. Sanfter harmoniert hier das kühle lichte Schwefelgelb des Brandkrauts (*Phlomis russeliana*), das sich auch bei einigen Sorten von Taglilien, Schafgarben, Rosen oder des Steinkrauts (*Alyssum saxatile* 'Citrinum') finden lässt.

Farbzwei- und -dreiklänge

So wie zu viele Elemente vor allem in kleineren Gärten verwirrend und überladen erscheinen, so wirken sich auch zu viele Farben störend aus. Wie gezeigt wurde, können sogar einfarbige Beete, die mit Ton-in-Ton-Stufen (Aufhellungen oder Abdunkelungen) einer einzigen Farbe und Formkontrasten spielen, alles andere als langweilig sein. Meist besteht jedoch der Wunsch nach bunteren Farbimpressionen. Diese Kombintionen sollten sich auf maximal vier Farben beschränken, von denen die vierte möglichst Weiß, Silber, Grau oder Rotbraun ist. Harmonischer wirken meist Beete, die man durch aufgehellte und abgedunkelte Tonstufen animierend bereichert.

Mehrfarbigkeit ist nicht nur durch Blüten gleicher Blütezeit zu erzielen, sondern auch durch Liieren von Blüten- und Blattfarben – die je nach Schwerpunktsetzung vielschichtig ausfallen können –, oder auch nur durch reine Blattfarben wie Gelbgrün, Violettgrün, Rotbraun, Grau, Silber sowie gelb oder weiß panaschiertes Laub.

Farb- und Gruppenwirkungen

Noch vor der Pflanzenauswahl sollte man die beabsichtigte Wirkung des Beetes vor seinem inneren Auge erstehen lassen. Denn auch die Lage des Beetes, beziehungsweise dessen Lichtverhältnisse tragen zur Farbwirkung bei. In voller Sonne werden Blüten in satten und dunklen Tönen nichts von ihrer Farbkraft einbüßen, während das Dämmerlicht des Halbschattens eher helle, lichte Pastelltöne zur Wirkung kommen lässt.

▷ Harmonisch wirken Kombinationen aus Pastelltönen oder benachbarten Farben.

▷ Kontrastreiche, spannende Gruppenbilder entstehen durch Gestaltungen mit volltonigen Grund- oder Komplementärfarben.

In Kombinationen sind Farbeffekte jedoch auch abhängig von der Größe des Beetes, den jeweiligen Farb- und Pflanzenproportionen und der Art und Weise ihres Einsatzes. Je größer eine Pflanzengruppe ist, desto deutlicher hebt sie sich von Nachbarn ab und behält ihren Charakter.

Unten links: In der Sonne scheint die Zypressenwolfsmilch (Euphorbia cyparissus) von innen heraus zu erstahlen. Die Überstellung mit den violetten Kugeln des Zierlauchs (Allium aflatunense) belebt die Pflanzung und verleiht ihr Räumlichkeit. Unten rechts: Ähnliche Farbwelten, doch welch atmosphärischer Unterschied! Im Halbschatten ordnet sich Gelb so ins Grün ein, dass Frauenmantel (Alchemilla), Funkie (Hosta fortunei 'Gold Standard') und Brandkraut (Phlomis russeliana) dem Bartfaden (Penstemon) kompakt gegenüberstehen.

Es müssen nicht immer Stauden und Sommer-blumen sein, die sich farblich verweben. Als geschmeidiges Duo schwingen sich hier Klettergehölze in die Höhe: die strahlend blaue Clematis-Hybride 'Perle d'Azur' und die duftende, weiße Glyzine (Wisteria floribunda 'Alba').

Überwältigende Vitalität verleihen diesem dreifarbigen Sommerblumenbeet die gesättigten Volltonfarben der gelben Sonnenblumen (Helianthus annuus) und Tagetes, der roten Scharlachlobelien (Lobelia fulgens) sowie der weißen Petunien und Zwergmargeriten (Hymenostemma paludosum), deren Farbdramaturgie durch Laubspielereien unterschiedlicher Töne und Formen noch gefördert wird.

Die Dichte der Farbe und damit ihr Durchsetzungsvermögen sind ebenfalls abhängig von der Blütengröße und Intensität der Töne. So bilden auch Pflanzen mit großen Blüten und kräftigen Farben markante Farbflächen.

Sie lassen sich aber nicht nur in Gruppen gegeneinander absetzen, sondern können auch farblich so verwoben werden, dass ihre Farben impressionistisch miteinander verschmelzen. Diesen Effekt erzielt man auch

▷ mit locker aufgebauten Blütenständen, die in Farbflächen eingestreut werden,

▷ mit Pflanzen, deren winzige Blüten für einen Schleiereffekt sorgen, wie Schleiereisenkraut (*Verbena bonariensis*), Schleierkraut (*Gypsophila paniculata*) und mit lockeren, filigranen Gräsern

▷ sowie mit Pflanzen in gedämpften Farben.

Die Wirkungen zweier Farben werden auch von räumlicher Über- und Unterordnung in der Pflanzung beeinflusst. So tritt selbst kräftiges Violett zurück, wenn Stiefmütterchen daraus einen ebenmäßigen Teppch weben, über den sich zartrosa Tulpen erheben. Auch Höhen können also einen Farbrang bestimmen.

Der kühle, kontrastreiche Dreiklang von Rot (Malve), Blau (Eisenhut) und Weiß (Hortensie 'Annabelle') findet im überschäumenden Rosa der Rose einen charmanten Vermittler.

In großzügiger Geste
verbreitet der Frühling
mit Rosa, Blau und
Gelb heiterem Charme.
Die hinreißende Blüte
des Blumenhartriegels
(Cornus florida 'Rubra')
macht sich jedoch
auch in elegantem,
feinsinnigem Ambiente
wunderschön.

Harmonische Farbkompositionen

Sie besänftigen Auge und Gemüt und ermöglichen auch Anfängern schnelle Erfolge: Gartenbilder aus Ton-in-Ton-Abstufungen oder Farbverläufen sehen immer anmutig und erlesen aus.

Ton-in-Ton-Kombinationen

Solche Pflanzungen beruhen auf verschiedenen Helligkeitsstufen einer einzigen Farbe, die durch unterschiedliche Anteile von Weiß aufgehellt oder durch Schwarz abgedunkelt wird. So entstehen zahllose Nuancen, die zusammen feine und stille Farbspiele inszenieren.

Farbverläufe

Beete, die nach Farbverläufen komponiert sind, operieren meist mit drei oder vier auf dem Farbkreis benachbarten Farben, die sowohl im Vollton- wie im Pastellbereich liegen können.

Die Bezüge zwischen diesen Farben lassen sich auf verschiedene Weise gestalten:

▷ Der Farbaufbau im Beet kann den Farbverlauf des Farbkreises nachvollziehen und wiedergeben.

▷ Die entsprechenden Farben können aber auch in unterschiedlichen Mengen, Größen und Proportionen beliebig kombiniert oder in rhythmischen Wogen arrangiert werden.

▷ Eine delikate Sonderform, die nicht nur in kunterbunte Farben, sondern auch Ton-in-Ton oder in Farbverläufen gestaltet werden kann, sind »Millefleurs-Pflanzungen«, bei denen man Sommer- oder Zwiebelblumen kleinteilig durchmischt, aber durch gehäuft wiederkehrende Leitfarben einen Farbverlauf oder eine Farbstruktur einweben kann.

Links oben: In feinster Ton-in-Ton-Abstimmung verschmelzen Blutweiderich (Lythrum salicaria), *Indianernessel* (Monarda-*Hybride) und Phlox* (Phlox-Paniculata-*Hybride) zu einem Bild voller Poesie.*

Links Mitte: Sommerlicher Farbverlauf in den Sonnentöne von Mädchenauge (Coreopsis verticillata), *Goldsturm-Sonnenhut* (Rudbeckia fulgida *var.* sullivantii), *Sonnenbraut* (Helenium-*Hybride) und Sonnenauge* (Heliopsis helianthoides *var.* scabra).

Links unten: Im Mai verknüpfen diese Akeleien (Aquilegia-*Hybriden) ihr violettes Ton-in-Ton-Spiel mit dem Farbverlauf von Blau nach Violett.*

Im Farbverlauf ihres
ganzen Spektrums von
Gelb über Orange, Rosa
bis zum kühlen Rot
tummeln sich Etagen-
primeln (Primula-Bulle-
siana-Hybriden) über
weißem Storchschnabel
(Geranium rivulare).

Das Werk des Malers Ton ter Linden ist diese eindrucksvolle doppelte Rabatte die den Farbverlauf von Rot-Orange-Gelb mit dem Weiß von Königskerze (Verbascum chaixii 'Album') und Silberimmortelle (Anaphilis margaritacea) und blauen Sprenkeln belebt. Über dem Blütenmeer der Sonnenfarben und den satten Orange-Akzenten der Inkalilien (Alstroemeria-Ligtu-Hybriden) thront der Federmohn (Macleaya microcarpa) mit seinen lockeren kupferfarbenen Rispen. Der naturhafte Eindruck dieser Rabatte entsteht dadurch, dass Ton ter Linden nicht in Blöcken pflanzt, sondern Farben und Nuancen ineinander übergehen lässt.

100

Farbakzente und Accessoires

Dekoratives Gartenzubehör verleiht Beeten in vieler Hinsicht den letzten optischen Schliff und prägt sie mit seinem Stil, der ganz nach Belieben klassische, tändelnd romantische oder moderne strenge Züge tragen kann. Darüber hinaus ermöglichen Accessoires,

▷ eine blütenlose Phase zu überbrücken oder einem grünen Beet Farbe einzuhauchen,

▷ zusammen mit Blütenfarben neue Farbklänge zu kreieren,

▷ oder gar eine Schwachstelle auszumerzen. Um dies zu leisten, muss Gartendekor nicht unbedingt bunt sein. Auch sein Material (wie Holz, Naturstein, Terracotta, rostüberzogenes Metall, spiegelndes Glas) und seine Form sind für Farbeindrücke verantwortlich.

Höhenelemente für den Beetaufbau

Neben immergrünen Gehölzen in Kegel- und Säulenformen tragen auch Hochstämmchen, Putti und Skulpturen mit Gefäßen, Säulen mit Urnen oder Schalen sowie Rankobelisken mit Kletterpflanzen lebendiges Grün oder gar Blütenpracht in die Vertikale. All diese Elemente sind ein Blickfang im Beet, der in Blütezeiten Farbe harmonisch oder kontrastierend ergänzen oder in blütelosen Phasen ersetzen kann.

Gertrude Jekylls »Notpflanzen«

Auch im Beetparterre kann man sich leicht gegen Farblosigkeit behelfen. Getrude Jekyll hielt zeitlebens eine kleine Armada von Jungpflanzen bereit, um Lücken im Beet zu füllen oder um eine

Mit ihrem erdigen Rostton wird die Vogeltränke zum malerischen Blickfang in diesem Schattenbeet. Vor der Kulisse von Wachsglocke (Kirengeshoma palmata), rosa blühender Wiesenraute (Thalictrum aquilegifolium), Goldschuppenfarn (Dryopteris affinis), Schaublatt (Rodgersia pinnata 'Elegans'), Samthortensie (Hydrangea aspera) und Purpurmädesüß (Filipendula purpurea 'Elegans') wird ihr Fuß von Wellblattfunkie (Hosta 'Undulata') und gelbem Lerchensporn (Pseudofumaria lutea) umspielt.

Oben: *Über einer Wol-
ke von Spanischem
Gänseblümchen* (Erige-
ron karvinskianus*) setzt
dieser Putto mit seiner
weithin leuchtenden
Petunienpracht ein
hellviolettes Farbsignal.
Rechts: Statt eines
Beets bringt ein kleiner
Topfgarten farbige Ab-
wechslung in die stille
Gartenecke. Bezau-
bernd ist nicht nur die
Stellage, sondern auch
ihr Himmelblau, das
die Stauden in den
Gefäßen aufgreifen.*

misslungene Kombination aufzulösen und »Notpflanzen« wie Versatzstücke einzufügen. Diese
müssen jedoch nicht immer ins Beet gepflanzt
werden. Ihr Auftritt wird noch prunkvoller, wenn
man sie in wunderschönen Gefäßen präsentiert,
die Beetlücken auffüllen. Wer will kann diese
Lücken sogar als konstante »Leerstelle« in die
Gestaltung einplanen, um dort frostempfindlichen
Schönheiten, wie zum Beispiel dem Neuseeländer Flachs (*Phormium tenax*), von Frühjahr bis
Herbst einen Dauerplatz einzuräumen.

Farbspielereien

Bunte Accessoires haben von Frühjahr bis Herbst
eine konstante optische Wirkung, die den Wechsel der Blütenfarben überdauern kann. Die Farben

können einfarbige Beete zur Farbkombination ergänzen, vor allem wenn sie mehrfach übers Beet
verteilt werden. Sie können aber auch fehlende
Farbakzente setzen oder eine unausgewogene
Farbigkeit ausgleichen. Zudem vermögen bunte
und helle Objekte auch eine grüne Schattenbepflanzung zu beleben.

Gestalten nach Blütezeiten

»Es wird durchgeblüht...« ist ein Motto, das größte Pflanzenkenntnisse voraussetzt. Einsteiger tun sich leichter mit weniger hochgesteckten Zielen. Dazu zählen Beete, die nur einen oder zwei Blühhöhepunkte haben, wie zum Beispiel den Frühling (linke Seite) und den Herbst (oben). Mit mehreren Beeten, die zu versetzten Zeiten zu blumigen Trauminseln werden, bietet sich die Chance, jeweils unterschiedliche Gartenpartien aufzuwerten. In Terrassen- und Sitzplatznähe jedoch wünscht man sich meist ein dauerhaftes Farbenspiel, das sich aber auch mit Hilfe von buntem Laub inszenieren lässt.

Beete im Frühlingsdessin

Der Frühling beginnt vor und unter Laubgehölzen mit reizenden Zwiebel- und Knollenpflanzen wie Schneeglöckchen, Winterling, Märzenbecher, Elfenkrokus oder Frühlingsalpenveilchen. Sie alle gedeihen in Beeten, entwickeln sich aber genauso prächtig, wenn man sie am Gehölzrand verwildern lässt. Gartenkrokusse oder Narzissen können auch in den Rasen frei ausgepflanzt werden. Die Prachtsorten von Tulpen und Narzissen gehören jedoch ins Beet.

Pflanztipps

▷ Je zierlicher die Frühlingsblüher sind, desto wichtiger ist es, sie in Gruppen pflanzen.

▷ Da das Laub von Zwiebelblumen nach der Blüte bis zum Einziehen immer unschöner wird, sollten sie in den Beetmittelgrund gesetzt werden, wo sie der Austrieb davorstehender Pflanzen verdeckt. Tulpen, die man nach der Blüte aus dem Beet nimmt, dürfen in den Vordergrund kommen.

▷ Auch Spätfrühlingsstauden, die früh einziehen und Lücken im Beet hinterlassen, wie Tränendes Herz (*Dicentra spectabilis*) oder Türkischer Mohn (*Papaver orientale*), setzt man aus dem gleichen Grund in mittlere Beetbereiche.

▷ Mit ihrem steifen Wuchs wirken Tulpen und Narzissen anmutiger, wenn man sie mit zweijährigen Blumen liiert, wie Stiefmütterchen (*Viola-Wittrockiana*), Maßliebchen (*Bellis*) oder Vergissmeinnicht (*Myosotis*), das mit rosa und weißen Sorten die Kombinationsmöglichkeiten erhöht.

▷ Frühlingsblühende Polsterstauden platziert man im Beetvordergrund, wo vor allem immergrüne, wie Blaukissen (*Aubrieta*-Hybriden), Schleifenblume (*Iberis sempervirens*) oder Steinkraut (*Aurinia saxatilis*) auch nach der Blüte ansehnlich bleiben. In dezenten Farbkompositionen sticht das intensive Sonnengelb des Steinkrauts heraus. Hier kann man auf die kühlgelben Sorten 'Citrinum' oder 'Sulphureum' ausweichen.

Unten links: *Wie für einander geschaffen wirken Tulpe 'Orange Emperor' und die Narzisse 'Fortissimo', die mit ihrer Nebenkrone das Orange der Tulpen aufgreift.*
Unten rechts: *In kühlen Tönen tänzelt die Tulpe 'Blue Heron' über Vergissmeinnicht (Myosotis-Hybride) und blaue Stiefmütterchen (Viola-Wittrockiana-Hybride).*
Rechte Seite: *Duftschneeball (Viburnum x carlcephalum) und Schleifenblume (Iberis sempervirens) ergänzen mit Weiß das Gelb der Narzissen und das Orange der Tulpen zum heiteren Dreiklang.*

Blütenträume im Sommer

Wer ein dicht blühendes Beet wünscht, muss entscheiden, ob es im Frühsommer, im Hoch- oder im Spätsommer seinen vergänglichen Zauber verbreiten soll. Nach dieser Blühphase werden Leit- und Begleitpflanzen ausgewählt, während Füllpflanzen die Blütezeit verlängern können.

▷ Wichtige Leitpflanzen des Frühsommers (Juni/Juli) sind Rosen, Rittersporn, Iris und Pfingstrosen. Stellt man ihnen fast immer passende Universalgenies zur Seite, wie Frauenmantel, Katzenminze (*Nepeta* x *faassenii*), Spornblume (*Centranthus ruber*) und Glockenblume (*Campanula*), verlängern diese gleichzeitig die Blütezeit.

▷ Leitstauden, die den Hochsommer (Juli/August) prägen, sind Staudenphlox (*Phlox-Paniculata*-Hybriden), Indianernessel (*Monarda*), Fingerhut (*Digitalis*), Taglilien (*Hemerocallis*), Ligularien, Steppenkerzen (*Eremurus*) und Königskerzen (*Verbascum*). Gute Begleiter mit einem breiten Sortenspektrum sind Feinstrahl (*Erigeron*-Hybriden), Staudenlein (*Linum pernne*), Salbei (*Salvia nemorosa*) und Sumpfgarbe (*Achillea ptarmica*).

▷ Wichtige Leitstauden des Spätsommers (August/September) sind Blutweiderich (*Lythrum salicaria*), Goldrute (*Solidago*-Hybriden) und andere Sonnenstauden wie Sonnenauge (*Heliopsis helianthoides* var. *scabra*) oder Staudensonnenblume (*Helianthus decapetalus*), Dahlien, Montbretien und Kniphofien, die von Schafgarbe (*Achillea*-Hybriden), Kugeldisteln (*Echinops*) oder Langblättrigem Ehrenpreis (*Pseudolysimachion longifolium*) anmutig begleitet werden.

Stimmungsvolle Herbstbeete

Auch wenn sich die Blüte vieler Hochsommer-stauden allmählich erschöpft, müssen Gärten im September/Oktober keineswegs an Farbmangel leiden. Jetzt übernehmen die laubfärbenden Gehölze die Zuständigkeit für Farbspektakel im Garten und können dabei designstarke Unter-stützung durch eindrucksvolle Ziergräser finden. Aber auch der Wunsch nach herbstlicher Blüten-fülle lässt sich erfüllen. Viele Sommerstauden und etwas später gesetzte Zwiebel- und Knollen-pflanzen, wie Dahlien, Gladiolen, Montbretien (*Crocosmia*), Sommerhyazinthen (*Galtonia candicans*) sowie die eleganten Sterngladiolen (*Gladiolus callianthus*) blühen bis weit in den Oktober

hinein und gestalten damit den Übergang zum Herbst fast nahtlos. Andere, die sich jetzt erst von ihrer schönsten Seite zeigen, sollten farblich fein auf die sich herbstlich verfärbenden Gehölze abgestimmt werden.

Später Blütenzauber

In intensivem Blau erstrahlt Rittersporn bei seiner zweiten Blüte, vor allem aber der robuste Herbst-eisenhut (*Aconitum carmichaelii*) und aromati-sche Halbsträucher wie Bartblume (*Caryopteris* x *clandonensis*) und Perovskie (*Perovskia*), die Bienen ebenso zu einem späten Fest anlocken wie die zweite Rosenblüte, die sich rot färbenden

*Die brillante Herbst-rabatte lebt von den Pergamenttönen der Gräser und dem Burgunderrot der Stauden. Vor dem Hintergrund von Wasserdost (*Eupatorium fistulosum*), Chinaschilf (*Miscanthus sinensis 'Malepartus'*) und verblühten Weiden-röschen (*Epilobium angustifolium*) breiten sich Funkie (*Hosta*), das Gespinst des Lie-besgrases (*Eragrostis spectabilis*), Kerzen-knöterich (*Bistorta amplexicaulis*) und grau-grüner Blauschwingel (*Festuca cinerea*) in großen Pulks aus.*

Farbe wurde hier groß-flächig und gestaffelt verteilt. Das breit aus-ufernde Violett der dun-klen Glattblatt-Astern (Aster novi-belgii) *und pastelligen Myrten-Astern* (Aster ericoides) *ist unterlegt mit den senkrechten Strukturen des Reitgrases* (Cala-magrostis x acutiflora *'Karl Foerster' und mit den Silberwedeln des Pampasgrases* (Corta-deria selloana)*. Die krö-nende Abrundung er-hält dieses Beet jedoch durch das Rot der Ge-hölze im Hintergrund.*

Schirmdolden der Fetthenne (Sedum telephium, S. spectabile) und die kleinblütigen Wolken der Bergminze (Calamintha nepeta). Was wäre der Herbst jedoch ohne Astern, die das ganze Reper-toire der kühlen Töne abdecken. Hochwüchsige wie Himmelsaster (Aster laevis), Raublatt-Aster (Aster novae-angliae) und Glattblatt-Aster (Aster novi-belgii) können Leitfunktion übernehmen oder den Beethintergrund beleben, während niedrige Vertreter wie die Wilde Zwergaster (Aster sedifo-lius 'Nanus') oder Kissenastern (Aster-Dumosus-Hybriden) sich im Vordergrund beweisen. Den Halbschatten hingegen zieren naturhaft Herbst-anemonen (Anemone hupehensis), Kerzenknöte-rich (Bistorta amplexicaulis) und Lampionblume (Physalis alkekengi var. franchetii).

Gräser für Herbstbeete

Ziergräser bezaubern in Blumenbeeten nicht nur durch grafische Eleganz, viele brillieren im Herbst mit maisgelber oder roter Färbung oder, wie das mächtige Pampasgras (Cortaderia selloana), mit bis 50 Zentimeter hohen, federbuschartigen Rispen.

Ziergräser mit herrlicher Herbstfärbung

▷ Lampenputzergras (Pennisetum alopecuroides)
▷ Chinaschilf (Miscanthus sinensis, viele Sorten)
▷ Reitgras (Calamagrostis x acutiflora 'Karl Foerster')
▷ Pfeifengras (Molinia arundinacea, M. caerulea)
▷ Silberährengras (Achnatherum calamagrostis)
▷ Rutenhirse (Panicum virgatum, viele Sorten)

Die ornamentale Grafik des Winters

Beete im Winter sind von grafischem Zauber und von der Poesie des Purismus geprägt. Der Winter erweist sich dabei als Naturgenie und Meister der Grisaille-Technik, wenn ihm nur pflanzliche Strukturen zur Verfügung gestellt werden. Hier demonstriert er seine Könnerschaft an verschiedenen Sorten des Chinaschilfs (Miscanthus sinensis), am straff aufrechten Reitgras (Achnatherum calamagrostis 'Karl Foerster'), am Pampasgras (Cortaderia selloana) mit seinen wattigen Paukenschlägeln und an den länglichen Bürsten des Lampenputzergrases (Pennisetum alopecuroides).

Im Winter wird der Garten vom Erlebnisraum zum Bild, das man vorwiegend vom Zimmer aus genießt. Zumindest von hier sollte den Blicken also inszenierte Ästhetik präsentiert werden. Zur Verfügung stehen dem Gartenfreund dabei Farben und Strukturen von frostfestem Gartenschmuck, von Gehölzen und Gräsern sowie von immergrünen und standfesten Stauden, die nicht abgeschnitten wurden, um von Raureif und Schneeflocken kristallin verzuckert zu werden.

Winterliche »Platzhalter«

Fast über ein halbes Jahr dauert die Ruhephase des Gartens, in der sich zeigt, ob sein Gerüst und die Farbverteilung der immergrünen Gehölze ausgewogen sind. Jetzt erstrahlen formale Beete raureifkonturiert in aristokratischer Noblesse. Aber auch frei gestaltete Beete können feinsinnige Winterbilder entwerfen

▷ mit immergrünen Stauden, wie Bergenie, Christrose, Bartiris, Schleifenblume, Lavendel,

▷ mit immergrünen Gehölzen, wie Rhododendron, Schattenglöckchen, Kirschlorbeer, Mahonie

▷ mit immergrünen und ausgebleichten Gräsern,

▷ mit Samenständen von standfesten Stauden, wie Fetthenne (*Sedum telephium*), Brandkraut (*Phlomis russeliana*), Brustwurz (*Angelica gigas*), Lampionblume (*Physalis alkekengi* var. *franchetii*), Wilde Karde (Dipsacus sylvestris), Edel-(*Eryngium*) oder Kugeldisteln (*Echinops*) sowie

▷ mit farbigen Trieben und Blättern, wie den roten des Sibirischen Hartriegels (*Cornus alba* 'Sibirica') über dem Gelbgrün von Efeu oder Spindelstrauch.

Kunst und Mythos dauerblühender Beete

Beete, die vom ersten Frühlingserwachen bis zum Wintereinbruch mit dauerhafter Blütenpracht Herz und Auge erfreuen, zählen zu den ambitioniertesten Gartenwünschen. Vielleicht verbirgt sich dahinter der uralte Menschheitstraum nach reinem Glück in dauerhafter Beständigkeit, nach einer Insel der Seligen also. Da Blütenpflanzen jedoch wie wir Menschen anfällig und sterblich sind und noch dazu nur jedes Jahr zeitlich befristet blühen, stellt eine dauerblühende Rabatte höchste Anforderungen an Planung und Konzeption, wenn nicht ständig Pflanzen ausgewechselt werden sollen. Aber selbst dann wird ein dauerblühendes Beet zu jedem Zeitpunkt Stauden aufweisen, die gerade nicht blühen, sondern nur durch ihr Laub, dessen Farben und Form präsent sind. Daraus folgt, dass es wesentlich einfacher ist, auf einer langen und breiten Rabatte den Eindruck permanente Blüte zu erzielen, weil sie viele und unterschiedliche Blütenpflanzen fassen kann. Gerade in kleinen Gärten jedoch, in denen alle Beete so nah im Blickfeld liegen und der Wunsch nach Dauerblüte oft am größten ist, greifen die Rezepte der Großrabatten nicht immer.

Dauerblühende kleine Beete

Bei großen wie kleinen Beeten erweist es sich für Anfänger sehr hilfreich, vom Herbst- und Winteraspekt auszugehen und von da aus die Planung rückwärtsgehend zu vervollständigen. Die erste

Anfang Mai zieht der Zierapfel (Malus toringo) mit seiner überschäumenden Blüte alle Blicke auf sich. Die gemischte Bepflanzung des Beetes wird noch von den immergrünen Formen der Gehölze und Halbsträucher, wie der Grünen Heiligenblume (Santolina rosmariniifolia) und Strauchveronika (Hebe) bestimmt, die als Dauergäste das Beet abwechslungsreich gestalten.

Frage lautet also: was bringt im Herbst Farbe, im Winter Struktur und beansprucht wenig Platz. Nur eine von vielen Möglichkeiten für kleine Beete ist eine Buchskugel, die Form und Farbe durch alle Jahreszeiten bewahrt, in Kombination mit einer Herbstgruppierung, die ebenfalls Winteraspekte beinhaltet. Zum Beispiel: Lampenputzergras (*Pennisetum alopecuroides*) mit rotblühender Fetthenne (*Sedum telephium*), silbernem Laub von Edelraute (*Artemisia* 'Powis Castle') oder Wollziest (*Stachys byzantina*) und violetten Blüten von überstelltem Schleiereisenkraut (*Verbena bonariensis*) oder niedriger und dichter von Kissenaster (*Aster*-Dumosus-Hybriden). Den ganzen Sommer hingegen bestreiten Sommerblumen mit

ihrer langen Blüte, die, wenn sie im Herbst vom Beet geräumt werden, den Zwiebeln von Frühlingsblühern Platz machen, wie Zwergnarzissen oder Krokussen, deren Laub schnell einzieht, oder Tulpen, die man nach der Blüte vom Beet entfernt, um Sommerblumen einzusetzen.

Im Juni gewinnen die Stauden an Fülle und Farbe und übernehmen die Führung im Beet. Die malerische Schmalblättrige Ölweide (Elaeagnus angustifolia) rechts im Bild scheint mit ihrem weißfilzigen Laub die silberblättrige Phase des Beetes eingeleitet zu haben.

Vorentscheidungen und Pflanzenwahl

Die Planung einer gelungenen dauerblühenden Rabatte kann sich über den ganzen Winter er-strecken. Auch Gertrude Jekyll tüftelte lange an ihren feinsinnigen Kombinationen, die keineswegs nur auf Inspirationen fußten. Der Beginn durch-blühender Rabatten ist Arbeit, die mit folgenden Festlegungen und Entscheidungen beginnt:

▷ Größe und Form des Beetes
▷ Farben oder Farbkombinationen zu den ver-schiedenen Blütezeiten
▷ Aufbau (höhengestaffelt oder flächig), Struktur und Rhythmus der Rabatte. Danach erfolgt im Ausschlussverfahren die Pflanzenwahl, bei der Pflanzen, die nicht für den Standort geeignet sind, von vornherein ausscheiden.

Gestalten mit saisonalen Bausteinen

Um nicht den Überblick zu verlieren, ist es sehr hilfreich, für jede Blühphase eine saisonale Kom-bination (aus Leitpflanzen, Begleitpflanzen und Füllpflanzen) festzulegen, die in Farbe, Höhe, Wuchs- und Blütenform den Wünschen und der Konzeption entsprechen sollten. Auf einem Plan lassen sich diese Bausteine von Frühling, Früh-sommer, Hochsommer, Spätsommer und Herbst in unterschiedlicher Größe und in variablen Gruppierungen als saisonale Farb- und Form-themen rhythmisch wiederholen. Zur Vernetzung empfiehlt es sich, dazwischen immergrüne Gehölze, Gräser, buntlaubige Vermittler, Rosen oder Pflanzen, die durch ihre Blüten die sonst blütelose Phase überbrücken, zu setzen.

Im Winter schließt sich der Kreislauf. Während das Beet im Winterschlaf versunken ist, wird der Garten wieder vom Gerüst, den Formen und Farben der Gehölze bestimmt.

Es lohnt sich, die ausgewählten Pflanzen sorgfältig nach allen Eigenschaften zu überprüfen. Dazu gehört auch ihr Konkurrenzverhalten, damit sehr vitale Gewächse nicht in kürzester Zeit ihre Nach-barn überwuchern und verdrängen. Dieses Prinzip der Verschachtelungen von saisonalen Blühbausteinen ist zugegeben sehr theoretisch – aber auch ein solider Anfang. Das so entstandene Beet wird zur Ausgangsbasis einer freieren Nachgestaltung. Denn immer wird sich aus dem Ergebnis lernen lassen, werden sich neue Wünsche und verbessernde Ideen ergeben. Deshalb ist dringend zu empfehlen, sich die Freiheit zu bewahren, auch nach sorgfältigster Planung ursprünglich Eigenes über Bord zu werfen, wenn sich das theoretische Konstrukt als unbefriedigend im Garten erweist.

Hilfreiche Tipps

Entstehen Löcher oder andere Häßlichkeiten im Beet, kann man jederzeit auf Gertrude Jekylls »Notpflanzen« zurückgreifen und die Stelle mit vorgezogenen Sommerblumen aus der Gärtnerei auffüllen oder mit einer attraktiven, passenden Pflanze im Topf korrigieren.

Es bewährt sich, Pflanzen mit langen Blütezeiten zu wählen, die phasenübergreifend blühen – oder Stauden einzustreuen, die Blühlöcher füllen. So überbrücken etwa die Blüten des Iran-Lauchs (*Allium aflatunense*) die Phase zwischen späten Tulpen und Pfingstrosen, Rosen und Rittersporn. Wer sich nun fragt, wo in diesem Kalkül noch Raum für Kreativität ist, kann beruhigt sein. Er fängt genau hier an. Neues kann durch Anregungen aus vorbildhaften Gärten oder eigene Vorstellungen und Experimente in die bestehende Rabatte Eingang finden. Warum sollte sich nicht auch auf Beetgestaltungen die alte Lebensweisheit anwenden lassen: Der Weg ist das Ziel?

Pflanzen mit langer Blütezeit
▷ Kleinblütige Bergminze (*Calamintha nepeta*)
▷ Spornblume (*Centranthus ruber*)
▷ Dahlie (*Dahlia*)
▷ Gaura (*Gaura lindheimeri*)
▷ Taglilie (*Hemerocallis*-Hybriden)
▷ Katzenminze (*Nepeta* x *faassenii*)
▷ Kapfuchsie (*Phygelius capensis*)
▷ Goldsturm-Sonnenhut (*Rudbeckia fulgida*)
▷ Sommersalbei (*Salvia nemorosa*)

Serviceteil

Die Praxis der Beete

Bodenvorbereitung

Bei der Anlage eines neuen Beetes, dessen Größe und Form noch nicht vorgegeben sind, werden diese als erstes genau abgesteckt und bestimmt. Vor allem bei Beeten mit frei schwingenden Konturen, Eckbepflanzungen oder Anlagen, die als Inseln oder Raumteiler den Gartenraum untergliedern, empfiehlt es sich, ihre Lage und Form mit einem Gartenschlauch, einer dicken Schnur oder einem Maßband zu umreißen, um die optische Stimmigkeit von Form und Proportionen von mehreren Seiten zu überprüfen und notfalls zu korrigieren. Erst danach kann mit der Bodenbearbeitung begonnen werden.

Die große Bedeutung des Standorts

Ob Beete unter Gehölzen oder am Teichrand, ob Stauden- oder Rosenbeete, sie alle sollen Pflanzen über Jahre beherbergen und ihnen beste Lebensbedingungen bieten. Da selbst züchterisch stark bearbeitete Pflanzen häufig noch ähnliche Ansprüche an Licht, Boden und Feuchtigkeit haben, wie sie die Lebensbereiche ihrer wilden Vorfahren aufweisen, werden Bepflanzungen sich nur prächtig entwickeln, wenn sich die Verhältnisse im Beet mit den Bedürfnissen der Pflanzen decken.

In naturnahen, wildhaften Beeten sollte sich die Pflanzenauswahl an die vorgegebenen Licht-, Boden- und Feuchtigkeitsverhältnisse anpassen. Viele Staudengärtnereien und Gartencenter bieten Stauden aus diesem Grund vorsortiert nach sogenannten Lebensbereichen an, die bereits in der Natur vorkommende Standortbedingungen koppeln:

▷ Stauden aus den Bereichen Gehölz- und Gehölzrand bevorzugen neben Schatten oder Halbschatten lockere, oft leicht feuchte Böden mit besonders hohem Humusgehalt.

▷ Stauden aus dem Lebensbereich Freiflächen und viele Steingartenstauden lieben karge, trockene Böden mit guter Wasserdurchlässigkeit bei voller Sonne. Hier fühlen sich zum Beispiel silber- und graulaubige Halbsträucher und Stauden wohl.

▷ Stauden aus den Lebensbereichen Wasserrand und Sumpf tolerieren oder wünschen gar permanente oder zeitweise Staunässe im Wurzelbereich.

Beete mit Beet- und Prachtstauden, Sommerblumen, vielen Kräutern und Gemüse benötigen einen sonnig-geschützten Platz und einen gut aufbereiteten Boden. Dieser sollte locker, feinkrümelig, humos und nicht staunass sein sowie im schwach sauren Bereich mit einem pH-Wert von 6–7 liegen. Unter diesen Bedingungen fühlen sich auch naturhafte Sorten oder Hybriden einstiger Wildstauden und Gräser wohl, die damit gestalterisch das Repertoire der prächtigen Beetstauden um interessante und anmutige Varianten bereichern. Viele Stauden zeigen darüber hinaus eine gewisse Flexiblität. So gedeihen einige Halbschatten liebende Pflanzen, wie Frauenmantel (*Alchemilla mollis*) auch in vollsonnigen Beeten, wenn sie der Boden zum Ausgleich gut mit Feuchtigkeit versorgt.

Trotz dieses Spielraums sollten Pflanzenwünsche und Standortbedingungen nie zu weit auseinanderklaffen – es sei denn, man scheut größeren Aufwand nicht. So lässt sich ein Moorbeet mit Rhododendren und Kalkfliehern mit seinem hohen Humusgehalt und dem pH-Wert von 5–6 in einem kalkhaltigen Lehmboden nur durch tiefgehenden Austausch des Bodens oder durch Errichtung eines Hochbeets ermöglichen.

Beetgestaltung Schritt für Schritt

Böden und ihre Verbesserung für Beetstauden

Leichter, sandiger Boden

▷ Eigenschaften: Locker, gut durchlüftet, erwärmt sich schnell, humus- und nährstoffarm, trocknet schnell aus,

▷ Verbesserung: Mehrmals im Jahr in kleinen Gaben Kompost , Tonminerale und Steinmehl einarbeiten. Vor dem Bepflanzen eine Gründüngung mit viel Grünmasse aussäen, später unterheben. Freie Flächen mulchen.

Schwerer Lehm- und Tonboden

▷ Eigenschaften: Neigt zu Staunässe, ist schlecht durchlüftet, kalt und arm an humosen Bestandteilen.

▷ Verbesserung: Besonders tiefgründig lockern. Durch groben Sand, feinen Splitt, Blähtone, Kompost, gehäckselten Gehölzschnitt durchlässiger und humoser machen. Vor der Bepflanzung eine tiefwurzelnde Gründüngung aussäen, später einarbeiten.

Saurer Boden

▷ Eigenschaften: Viele Pflanzen gedeihen im leicht sauren Bereich (pH-Wert 5,5–7) am besten. Liegt er darunter wird die Nährstoffaufnahme blockiert.

▷ Verbesserung: Mehrmals jährlich Algenkalk oder kohlensauren Kalk und Tonmehle dünn einarbeiten.

Kalkhaltiger Boden

▷ Eigenschaften: pH-Wert liegt über 7,5. Die Aufnahme von Eisen und Magnesium ist blockiert, die Pflanzen kümmern (Chlorose).

▷ Verbesserung: Kompost und Torf einarbeiten. Schwefelsaures Ammoniak (Ammoniumsulfat) ausbringen

Den Boden kennenlernen. Wer vor der Neuanlage eines Beetes oder gar eines neuen Garten steht, kann sich durch eine Bodenprobe absichern, die man an mehreren Stellen im Garten entnehmen sollte. Zahlreiche Labors und Bodenuntersuchungsanstalten können die wichtigsten Bodenwerte ermitteln und gleichzeitig Bearbeitungs- und Düngehinweise geben. Der Säuregehalt des Bodens (pH-Wert) lässt sich aber auch leicht selbst ermitteln. Dazu einfach etwas Erde mit destilliertem Wasser vermengen und einen Teststreifen des Indikatorpapiers hineintauchen.

Bodenvorbereitung. Bei Neuanlagen die Rasensoden entfernen und den Boden tiefgründig lockern. Anschließend – je nach Bodenbeschaffenheit – die Erde im Beet verbessern. In extrem staunassen Bereichen kann es sogar nötig sein, zuvor eine Dränage anzulegen.

Sollen alte Beete in neuem Glanz erstrahlen, empfiehlt es sich, nach dem Abräumen der alten Pflanzen, gegen die Bodenmüdigkeit noch eine Gründüngung auszusäen, um so der Lebensbasis der neuen Pflanzung frischen Schwung zu geben. Beginnt man damit im Frühjahr, kann das neue Beet im Herbst zusammen mit den Zwiebeln und Knollen der Frühjahrsblüher angelegt werden.

Pflanzplan erstellen. Als erstes die Grobstruktur und den Aufbau des Beetes umreißen. Einige der vielen Möglichkeiten werden auf Seite 124/125 vorgestellt. Dabei legt man auch Farb- und Formgebung, Höhenaufbau und Gruppierungen fest.

Pflanzen auswählen. Nun wird die Strategie des Beetes ins Konkrete überführt. Die Pflanzenauswahl sollte bedacht erfolgen, neben Farben und Formen auch deren korrespondierende Blütezeiten beachten. Beim Komponieren der Gruppen nach Leitstauden, Begleitpflanzen und Füllpflanzen in einzelnen saisonalen Phasen sind viele Aspekte gleichzeitig zu bedenken.

Anlage eines gemischten Beetes

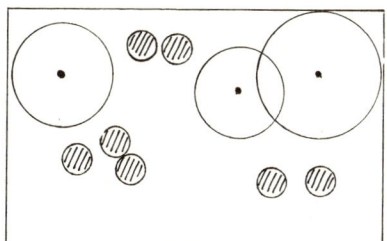

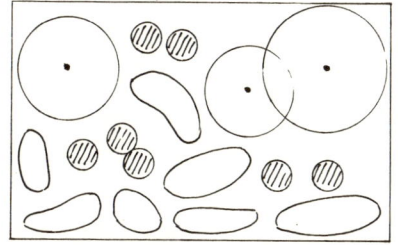

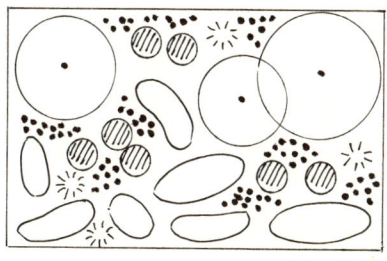

 Gehölze

 Leitstauden

 Begleiter und Polsterstauden

 Sommer- und Zwiebelblumen

 Füllstauden

1. Dem Beet ein dauerhaftes Gerüst verleihen. In den Hintergrund kommen versetzt und nach Blütezeiten oder Laubfarben gruppiert die Gehölze. Dies können Ziersträucher oder Rosen sein, die mit gleichzeitiger Blüte die Farben des Beetes unterstreichen oder intensivieren. Wählt man jedoch Ziersträucher, die ihren Höhepunkt (Blütezeit oder Herbstfärbung) vor oder nach der Hauptblüte des Beetes feiern, verlängert man dessen Farbigkeit im Jahresablauf. Immergrüne Laub- oder Nadelgehölze hingegen verleihen dem Beet auch im Winter eine dauergrüne Struktur.

2. Höhepunkte festlegen. Diese Aufgabe kommt den dominierendsten Pflanzen zu, den Leitstauden, die im Mittel- und Hintergrund einzeln oder in Gruppen mit Blüten und Wuchsform Charakter und Hauptfarbe des Beetes sowie seine Rhythmik bestimmen. Dem Gestalter bleibt es überlassen, ob er mit den Leitstauden nur eine oder alle Farben des Beetes vorgibt. Arrangiert er die Leitstauden versetzt in unterschiedlichen Beettiefen, erhält die Bepflanzung zusätzlich Räumlichkeit.

3. Begleiter und Vordergrund. Um die Leitstauden herum wogen in größeren Gruppen die niedrigeren Begleitstauden, die zur gleichen Blütezeit mit ihren Farben und Formen das Blü-

tenmeer verstärken. Wer die Blütezeit des Beetes jedoch verlängern möchte, wählt Begleiter mit besonders langer oder phasenübergreifender oder gar versetzter Blütezeit. Sie sollten dann zumindest mit dekorativem Laub die Leitstauden flankieren. In den Vordergrund kommen die niedrigsten von ihnen. Gut machen sich hier immergrüne Polsterstauden, die auch nach dem Verblühen ihre Form bewahren, im Wechsel mit Blattschmuckstauden oder Gräsern, die anmutig den Beetrand überschwingen.

4. Blütezeit verlängern. Zwiebelblumen (wie Tulpen, Narzissen) und Frühsommerblüher (wie Tränendes Herz, Türkischer Mohn, Trollblumen), die nach der Blüte einziehen, kommen in den Mittel- und Hintergrund, damit die Leerstellen, die sie hinterlassen, vom Austrieb anderer Pflanzen verdeckt werden. Ähnliches gilt für noch unscheinbare Sommerblumen, die sich erst im Juni allmählich prachtvoll entfalten. Niedrige Herbststauden (wie Kissenastern) werden im Vordergrund platziert, hohe dagegen im Hintergrund, wo sie sich langsam emporschieben, um dann ab September in glutvollen Farben zu brillieren.

5. Nachbessern. Wo dann noch »Löcher« stören, können Füllstauden ergänzende Farbtupfer oder kleine Formakzente setzen.

Gruppierungsstrukturen frei gestalteter Rabatten

Klassische Rabatten sind dadurch gekennzeichnet, dass sie als bandartige, lange Flächen vorwiegend höhere Stauden in engen Nachbarschaftsgruppierungen höhengestaffelt präsentieren. Diese Gruppen können recht unterschiedliche Formen annehmen und verleihen der Rabatte dadurch sehr variable Wirkungen und Rhythmen.

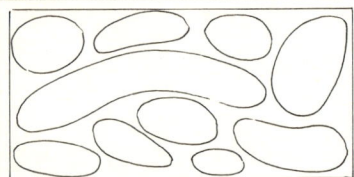

Unterschiedlich große Drifts in höhengestaffelter paralleler Anordnung

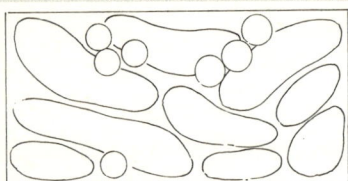

Kombination aus Drifts und Kreisen, die als schmale Säulen oder Akzente herausragen

Diagonale Drifts erzielen eine wogende Bewegung verleihen der Rabatte tiefe Räumlichkeit

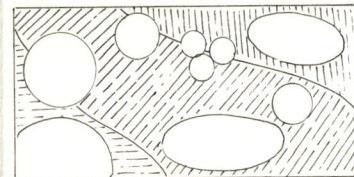

Unterschiedliche, flächig gegeneinander abgesetzte Teppichstrukturen mit Gruppen und Akzenten

Interne Strukturierung von Beeten und Rabatten

Die Möglichkeiten, welches Grundmuster man einem Beet oder einer Rabatte zugrunde legt, sind unendlich. Allein der Vergleich zwischen formalen Teppichbeeten mit ihrem monoton-geometrischen, klar abgegrenzten Farbdekor und einer impressionistisch verlaufenden, fast strukturlosen modernen wildhaften Rabatte gibt einen Eindruck von der Bandbreite dieser Gestaltungsmöglichkeiten wieder. Langweilig wirken meist:
▷ Beete oder Rabatten mit gleichgroßen Pflanzengruppen,
▷ Beete oder Rabatten mit Gruppen in gleichen Formen,
▷ Rabatten mit durchgehend gleichmäßiger Höhenstaffelung.
Wer experimentierfreudig ist, kann mit den unterschiedlichen Eigenschaften der folgenden vier Kriterien wie mit Bällen jonglieren, so dass sich immer neue Gartenbilder ergeben:
mit dem Charakter der Pflanzen:
Wild-, Prachtstauden, Sommerblumen, Rosen, Gemüse usw.
mit der Größe der Gruppierung:
Gruppen in gleicher oder unterschiedlicher Größe
mit der Form der Gruppierung:
Anordnung in naturfremden oder geometrischen Mustern oder in naturhaften, wie Wellen, irregulären Bändern, Ovalen usw.
mit der Wahrnehmungsperspektive des Beetes:
Aufsicht von vorne und/oder seitlich
Die ungewöhnliche Kombination von Wildstauden (Gräser) in einheitlicher Gruppe in naturfremder, geometrischer (runder) Form hat zum Beispiel Piet Oudolfs beeindruckende Gräser-Rotunde (Foto Seite 34) hervorgebracht.
Vergesellschaftet man Stauden unterschiedlicher Größe und Ausstrahlung, zum Beispiel imposante Leitstauden und Begleiter, so sollten Leitstauden stets in kleinerer Menge als die Begleiter eingesetzt werden, wobei die gleichen Pflanzen oder Pendants ihrer Formen oder Farben zur Rhythmisierung in unregelmäßigen Abständen wiederholt werden.

Beispiele eines Aufbaus von formalen Beeten mit frontalem Zugang

Große Pflanzengruppen in »drifts« und Pulks leiten den Blick gestaffelt inszeniert zum Höhepunkt im Hintergrund.

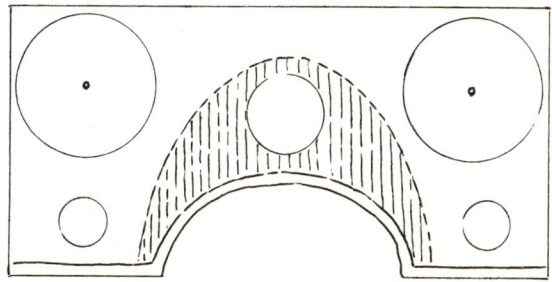

Über flächig gepflanzten Rosen und Lavendelteppichen erheben sich beidseitig Eibensäulen und Buchskugeln.

Gestalten mit »drifts«

So bezeichnete Gertrude Jekyll das Gruppieren in Bandstrukturen. Werden Pflanzen in bandförmigen Gruppen gepflanzt, dann, so entdeckte sie, bieten diesen gleich zweifache Vorzüge:
▷ Diese Bänder bilden durch ihre langen Konturen viele Kontakte zu Nachbargruppen, mit denen sie dadurch besser und bewegter verschmelzen können.
▷ Je nach ihrem Verlauf bescheren sie dem Auge darüber hinaus recht abwechslungsreiche Eindrücke. Begleiten sie parallel den Weg, schrumpfen sie von der Seite gesehen zusammen, während sie frontal von vorne betrachtet breit zerfließen. Verlaufen sie diagonal zur Rabatte, entsteht ein besonders wellenförmig bewegtes Bild (Fotos Seite 72 und 110).
Eine solche Diagonalbepflanzung beschreibt Jekyll auch als ideale Möglichkeit für eine Schattenrabatte unter oder vor Gehölzen. Sie empfiehlt Farne in diagonalen »drifts« zu pflanzen, die zum Rabattenrand hin von den immergrünen Polstern von Moossteinbrechen (*Saxifraga*-Arendsii-Hybriden) aufgefangen werden. Zwischen die einzelnen Farndiagonalen setzt sie die

Zwiebeln und Knollen von Frühlingsblühern im Farbverlauf von
▷ Rosa: Hundszahn (*Erythronium*), Frühlingsalpenveilchen (*Cyclamen coum*), Lerchensporn, (*Corydalis*),
▷ über Blau: Strahlenanemone (*Anemone blanda*), Blausternchen (*Scilla sibirica*), Traubenhyazinthe (*Muscari*), Schneeglanz, (*Chionodoxa luciliae*),
▷ nach Weiß: Krokus (*Crocus*) und Hyazinthen (*Hyacinthus*)
▷ bis zu Gelb (verschiedene Wildnarzissen, wie *Narcissus minor*). Nach der Blüte wird deren einziehendes Laub von den sich frischgrün entrollenden Wedeln der Farne überdeckt, die dann im Sommer wogendes Grün entfalten.

Frontalgestaltungen

Werden Beete ans Ende eines Gartens, einer Sichtachse oder eines Wege platziert, sodass man frontal auf sie zugeht, kann man sie – vor allem in formalen Gärten – als krönenden Abschluss mit zentralem Höhepunkt konzipieren. Dabei kann ganz nach Belieben auch eine Statue, ein Brunnen oder eine Bank in das Beet integriert werden (oben).

Pflanzung, Pflege, Winterschutz

Tipps zum Pflanzen

Nach Beetplanung und Pflanzenwahl ist es wichtig, die vorgesehenen Pflanzen in der richtigen Stückzahl zu kaufen. Die Tabelle rechts gibt dazu eine Hilfestellung. Das Beet sollte vor dem Bepflanzen gut gelockert und aufbereitet worden sein. Wichtig ist auch, alle Wurzelunkräuter, wie Giersch, Ackerwinde oder Ackerschachtelhalm zu entfernen, da man sie, wenn sie einmal Eingang ins Beet gefunden haben, nur sehr schwer wieder los wird.

▷ Gehölze und Stauden pflanzt man im Frühjahr oder Herbst.
▷ Sommerblumen kommen erst nach Mitte Mai ins Beet.
▷ Blumenzwiebeln von Frühlingsblumen und die meisten Lilien setzt man im Herbst.
▷ Zwiebeln und Knollen frostempfindlicher Blumen, wie Dahlien, Gladiolen bringt ebenfalls erst ab Mitte Mai ins Beet.
▷ Ausnahmen: Die Zwiebeln/Knollen von Kaiserkrone (*Fritillaria imperialis*), Madonnenlilie (*Lilium candidum*) und Steppenkerzen (*Eremurus*-Hybriden) werden schon im August gesetzt.
In gemischten Beeten pflanzt man an einem bedeckten Tag als erstes Rosen und Gehölze. Um sie herum werden nach dem Pflanzplan die Stauden ausgelegt. Dies ermöglicht, die Verteilung noch zu korrigieren. Gepflanzt wird dann vom hinteren Beetrand nach vorne. Dabei kommen die Stauden so tief in den Boden, wie sie zuvor im Topf standen. Nach dem Einsetzen alle Pflanzen mit einem weichen Strahl gründlich angießen und die freie Beetoberfläche zwischen den Pflanzen mit gerbsäurearmem Mulch abdecken. Dies unterdrückt Unkrautwuchs und hält den Boden feucht.

Düngen

Wildstauden in naturnahen Beeten benötigen meist keinen Dünger. Im Frühjahr können jedoch Hornspäne in den Boden eingearbeitet werden. Hohe Beet- und Prachtstauden haben oft

---

Kaufhilfe: Pflanzenmenge pro Quadratmeter

▷ Hohe Stauden (100–200 cm)	2–5 Stück
▷ Mittelhohe Stauden (50–90 cm) und hohe bis mittelhohe Sommerblumen	5–9 Stück
▷ Niedrige Stauden (20–40 cm) und niedrige Sommerblumen	7–12 Stück
▷ Zwergige Stauden, Bodendecker	10–16 Stück

höhere Nährstoffansprüche und erhalten im Frühjahr – je nach Bodenart – Kompost und etwas organischen Dünger, der langsam, aber auch sanft wirkt. Beides wird um die Pflanzen herum in die Erde eingearbeitet. Ab August sollten Stauden, Rosen und andere Gehölze nicht mehr gedüngt werden, weil vor allem die Stickstoffanteile im Dünger die Triebe sonst nicht ausreifen lassen, wodurch die Winterhärte der Pflanzen gefährdet wird. Hohe Sommerblumen können mit den Balkonblumen einmal monatlich im Gießwasser einen Flüssigdünger erhalten.

Sommerpflege

Sie umfasst Pflanzen- und Bodenpflege, wenn ein problematischer Boden für Beet- und Prachtstauden noch verbessert werden muss. Schwere Böden werden, um nach Regenfällen nicht zu verschlämmen und zu verkrusten – soweit sie nicht gemulcht sind und offenliegen –, regelmäßig gehackt, während man in leichte, sandige Böden im Abstand von vier bis sechs Wochen Kompost und Tonmehle einarbeitet, um sie humoser und bindiger zu machen. Auch sie sollten unbedingt gemulcht werden. Dies gilt jedoch nur für Beete und Rabatten. Wildstaudenpflanzungen benötigen diesen Aufwand nicht.

Unkraut entfernen gehört mit zu den wichtigsten, regelmäßig auszuführenden Pflegemaßnahmen in Beeten. Dies kann beim Hacken geschehen. Sehr einfach lässt sich unerwünschtes Grün sogar mit der Hand entfernen, wenn es noch jung und der Boden leicht feucht ist.

Stützen. Hohe Gartenblumen (wie hohe Astern) und Stauden mit großen schweren Blüten (wie Pfingstrosen) müssen häufig gestützt werden, damit Wind und Regen sie nicht knickt oder weil ihre Horste leicht auseinanderfallen. Auch in zu nährstoffhaltigen Böden können Stauden zu weiche Triebe entwickeln und damit ihre Standfestigkeit verlieren. Da es eines von vielen Züchterzielen ist, standfeste Sorten auf den Markt zu bringen, lohnt es sich, bei der Pflanzenwahl auch darauf zu achten.

Einzelne hohe Pflanzen, wie Rittersporn oder Lilien, werden gestäbt. Dazu treibt man einen Stützstab tief in die Erde und bindet die Pflanze mit weichem Material locker daran fest. Einen dekorativen Zusatzeffekt bescheren edle Pflanzstäbe aus dem Fachhandel, deren oberes Ende mit einem Schmuckornament ins Blütenmeer hineinragt.

Für standschwache Horste gibt es praktische Stützsysteme in verschiedenen Höhen (zum Beispiel Link Stakes oder ähnliches), die sich dem Umfang der Pflanze anpassen lassen.

Gießen. Stauden haben einen recht variablen Wasserbedarf. Ist der Boden nach einer längeren Hitzeperiode ausgetrocknet, wird Wässern nötig. Dazu am besten morgens oder abends mit abgestandenem, temperiertem Wasser gießen. Ein weicher Strahl aus der Gießkanne, der Blätter und Blüten weder benetzt noch knickt, ist die pflanzenfreundlichste Methode.

Rückschnitt. Das Kappen der Triebe kann zu unterschiedlichsten Zwecken eingesetzt werden.

▷ Beim Pflegeschnitt entfernt man abgeblühte und abgestorbene Pflanzenteile, um der Pflanzung ein gepflegtes Äußeres zu verleihen und eine kräftezehrende Samenbildung zu verhindern.

Das Entfernen verwelkter Blüten veranlasst Sommerblumen und viele Stauden zu erneuter Blütenbildung, sodas sich die Blütezeit insgesamt verlängert.

▷ Der Remontierschnitt erfolgt bei Frühsommerstauden, wie Rittersporn (*Delphinium*), Feinstrahl (*Erigeron*), Lupine (*Lupinus*), Bergflockenblume (*Centaurea*), Bunte Margerite (*Tanacetum coccineum*), Frauenmantel (*Alchemilla*) und vielen Storchschnabel-Arten (*Geranium*). Kappt man sie nach der Blüte handbreit über dem Boden, blühen sie im Herbst oft ein zweites Mal.

▷ Ein Verjüngungsschnitt ist bei Zwergsträuchern wie Lavendel, Perovskie, Gartensalbei (*Salvia officinalis*), Heiligenkraut (*Santolina chameacyparissus*), Gamander (*Teucrium*) und vielen Polsterstauden nötig, um ihren kompakten Wuchs zu erhalten. Dazu schneidet man sie nach der Blüte um etwa ein Drittel zurück.

▷ Überwinterungsschnitt. Die Methode, alle Stauden vor Einbruch des Winters handbreit zurückzuschneiden, wird zunehmend differenziert. Standfeste Pflanzen mit schönen Samenständen (Beispiele Seite 112) und Gräser können nämlich im Raureifzauber den Winter bereichern.

Winterschutz

Vor Wintereinbruch ist es wichtig, die Frosthärte der Pflanzen zu kennen. Frostharte Stauden benötigen keinen Winterschutz, empfindlichere, wie Schaublatt (*Rodgersia*), Herzblume (*Dicentra*), Herbstanemone (*Anemone hupehensis*), und Federmohn (*Macleaya*) werden in rauen Regionen zurückgeschnitten und erhalten eine Abdeckung mit Laub und Reisig. Diese sollte jedoch nicht zu früh, sondern erst nach den ersten tiefen Minusgraden erfolgen, damit die Pflanzen nicht ersticken.

▷ Immergrüne Stauden erhalten ebenfalls eine Reisigabdeckung als Verdunstungsschnutz.

▷ Die wintergrünen Blattschöpfe von Fackel- und Palmlilien werden oben locker zusammengebunden, während man sie unten mit Laub anhäufelt.

▷ Die Knollen frostempfindlicher Pflanzen wie Dahlien, Gladiolen usw. überwintert man trocken und frostfrei im Haus.

Sinnliche Blütenpracht durch Duftpflanzen

Name	Höhe	Blütezeit	Blüte	Standort	Anmerkung
Duftende Gehölze					
Daphne mezereum Seidelbast	1 m	II–IV	rosarot	sonnig bis halbschattig Boden leicht feucht, humos, kalkhaltig	Ab Mai rote beerenähnliche Früchte; Sorte 'Alba' blüht weiß, 'Rubra Select' rot; Pflanze ist in allen Teilen sehr giftig.
Fothergilla major Federbuschstrauch	2–3 m	V	cremeweiß	sonnig bis halbschattig Boden humos, leicht feucht, sauer bis neutral	Sehr dekorativ, auch als Solitär geeignet; ab IX prächtige goldgelbe bis orangerote Herbstfärbung.
Hamamelis-Hybriden Zaubernuss	2–3 m	I–III	gelb, orange, bronze kupfrig, cremeweiß	sonnig bis- halbschattig Boden humos, durchlässig, neutral bis sauer	Sehr dekorativ, primär als Solitär geeignet; ab IX prächtige goldgelbe bis orangerote Herbstfärbung.
Malus-Hybride 'Charlottae' Zierapfel	5 m	V–IV	zartrosa in Büscheln	sonnig bis halbschattig Boden tiefgründig, lehmig- humos	Große Blüten bis zu 5 cm Durchmesser; ab VIII grüngelbe Äpfel mit ca. 4 cm Ø; orangerote Herbstfärbung.
Philadelphus-Hybriden Pfeifenstrauch, Falscher Jasmin	1–3 m	V–IV	weiß (gefüllt und ungefüllt)	sonnig bis halbschattig Boden durchlässig, humos	Sehr schön in Kombination mit Rosen oder Flieder.
Rhododendron luteum Pontische Azalee, Duftende Strauch-Azalee	2 m	V	goldgelb	sonnig bis halbschattig Boden durchlässig, humos; bis pH-Wert 6	Laubabwerfender Strauch; Blüten erscheinen in bis 12 cm breiten Blütenständen vor dem Blattaustrieb; orangerote Herbstfärbung; auch viele Sorten anderer sommergrüner Azaleen duften.
Rosa Beet-, Edel-, Strauch-, Kletterrosen	0,4–3 m	IV–X	weiß, gelb, lachs, orange, rosa, rot,	sonnig Boden durchlässig, humos; etwas lehmig	Für Beete möglichst öfterblühende, duftende Sorten wählen.
Syringa-Vulgaris-Hybriden Edelflieder	4–6 m	V–VI	weiß, rosa, violett, purpur, hellgelb	sonnig Boden durchlässig, lehmig, kalkliebend	Auch der rosafarbene Herbstflieder (*Syringa microphylla* 'Superba') duftet süß und blüht von VIII–X.
Viburnum farreri, *V. x bodnantense* 'Dawn' Duft-, Winterschneeball	2–3 m	XII–III	rosa	sonnig bis halbschattig Boden durchlässig, humos	Schöne Herbstfärbung; auch die anderen früh- lingsblühenden Schneeball-Arten duften süß.

Name	Höhe	Blütezeit	Blüte	Standort	Anmerkung
Duftende Stauden					
Agastache foeniculum Duftnessel	80 cm	VII–X	große violette Rispen	sonnig Boden nährstoffreich, durchlässig, mäßig feucht	Schönlaubige Wildstaude mit langer Blütezeit; es gibt auch weißblühende Sorten: 'Album' und 'Alabaster'.
Aurinia saxatilis (ehemals *Alyssum saxatile*) Felsen-Steinkraut	30 cm	IV–V	sattgelb	sonnig Boden durchlässig, trocken	Polsterförmiger Halbstrauch; schwefelgelbe Sorten 'Citrinum' und 'Sulphureum' sind in Kombinationen weniger aufdringlich.
Calamintha nepeta Kleinblütige Bergminze	40 cm	VIII–XI	winzige zartlila Blüten in großen Trugdolden	sonnig Boden durchlässig, trocken	Bezaubert mit langer Blütezeit; wächst zu wolkigen Büschen heran; passt gut zu Rosen und Purpurfetthenne (*Sedum telephium*).
Convallaria majalis Maiglöckchen	25 cm	V	weiß, glockenförmig in Trauben	halbschattig bis schattig Boden humos, locker, leicht feucht	Waldpflanze, ideal in Gruppen unter Gehölzen und vor Mauern; vermehrt sich stark durch Ausläufer; alle Teile sind giftig.
Dianthus plumarius Federnelke	20–30 cm	V–VII	weiß, rosa, rot, auch zweifarbig und gefüllt	sonnig, warm Boden durchlässig, sandig, nährstoffreich	Polsterpflanze mit graugrünem Laub; schön zu Lavendel, Sedum, Bergbohnenkraut; auch für Trockenmauern und Steingärten.
Dictamnus albus Diptam	70 cm	V–VI	große lockere, kerzenartige rosa Trauben	sonnig, warm Boden durchlässig, steinig, trocken, kalkhaltig	Wildstaude mit weißer Sorte 'Albiflorus'; schön zu Salbei, Ehrenpreis, Bergminze, Gräsern; auch für Steppenbeete und Steingarten.
Hemerocallis citrina 'Baroni' Taglilie	110 cm	VI–VII	hellgelbe, schlanke Trompetenblüten	sonnig bis halbschattig Boden leicht feucht, nährstoffreich, lehmig	Auch etliche der zahlreichen Hybriden duften; diese Sorte beginnt schon abends sich zu öffnen und zu duften.
Hosta-Arten und -Hybriden Funkie	5–120 cm	VI–VIII	weiße und violettblaue Trauben	halbschattig bis schattig Boden leicht feucht, humos, lehmig	Sehr dekorative Blattschmuckstauden mit herrlichen Blattnervaturen, Grüntönen sowie weiß- und gelbbunten Blättern, von denen sich manche im Herbst in Goldgelb verfärben.
Iberis sempervirens Schleifenblume	20–30 cm	IV–V	weiße Trugdolden	sonnig Boden durchlässig, humusarm, trocken	Immergrüner, polsterförmiger Halbstrauch; für Trockenmauern, Steingarten und Vordergrund von Rabatten; schön zu Bartiris, Gräsern (*Festuca*), Tulpen und Goldwolfsmilch (*Euphorbia polychroma*).

Name	Höhe	Blütezeit	Blüte	Standort	Anmerkung
Duftende Stauden					
Lavandula angustifolia Lavendel	30–60 cm	VI–VIII	blauviolette Ähren	sonnig, warm Boden trocken, durchlässig, kalkhaltig, kiesig	Immergrüner Halbstrauch, auch mit weißen und rosa Sorten; klassischer Begleiter von Rosen; sehr vielseitig kombinierbar; schön auch als Beeteinfassung.
Malva moschata Moschusmalve	60 cm	IV–IX	einfache rosa Blütenschalen	sonnig Boden locker, humos	Kurzlebige Wildstaude, die sich aber reichlich versamt; bezaubernd die weiße Sorte 'Alba'; schön in naturhaften Beeten mit Gräsern.
Monarda-Hybriden Indianernessel	80–120 cm	VII–IX	weiße, rosa, rote, violettblaue Lippenblüten	sonnig, warm Boden locker, leicht feucht, nährstoffreich	Können Leitstaudenfunktion übernehmen; vielfältig kombinierbar; auch Blätter duften.
Nepeta x faassenii Katzenminze	20–60 cm	VI–IX	violettblaue Rispen	sonnig, warm Boden durchlässig, trocken keinesfalls schwer, nass	Vielseitig kombinier- und einsetzbar; zahlreiche Sorten, darunter auch weiße; besonders groß- und langblütig ist 'Walkers Low'.
Origanum vulgare Dost	30–40 cm	VII–IX	lilarosa	sonnig, warm Boden locker, trocken, nährstoffreich	Besonders kompakt wächst die Sorte 'Compactum'; für Steingarten, Mauern, sonnige Beete; schön zu Lavendel, Schleierkraut (*Gypsophila*), Perlkörbchen (*Anaphilis*).
Paeonia-Lactiflora-Hybriden Pfingstrose	80–100 cm	V–VI	rot, rosa, weiß, einfach und gefüllt	sonnig bis halbschattig Boden humos, nährstoffreich, leicht feucht	Leitstaude, mit schönen Blättern bis zum Spätherbst; nicht alle Sorten duften.
Polygonum polystachium (auch *Aconogonon polystachium*) Staudenflieder	1,5 m	IX–X	weiße Rispen	sonnig bis halbschattig Boden humos, nährstoffreich	Späte Blüte; schön für wildhafte Bereiche in großen Gärten; kann durch Wuchern lästig werden.
Primula vialii Orchideenprimel	30–60 cm	VI–VII	violette kegelförmige Blütenähren	halbschattig Boden feucht, aber nicht staunass, humos und nährstoffreich	Schön in Gruppen am Gewässer- oder Gehölzrand zusammen mit Purpurglöckchen, Scheinmohn (*Meconopsis*), Farnen und Gräsern; Winterschutz geben.
Salvia officinalis Gartensalbei	30–60 cm	VI–VII	violettblaue Ähren	sonnig, warm Boden durchlässig, nährstoffreich, kalkhaltig	Aromatisch duftender Halbstrauch; die Sorten 'Purpurascens' mit purpurfarbenem, 'Icterine' und 'Tricolor' mit weiß-gelb-grünem Laub sind auch Blattschmuckpflanzen.

Name	Höhe	Blütezeit	Blüte	Standort	Anmerkung
Duftende Sommerblumen					
Dianthus barbatus Bartnelke	30–50 cm	V–VIII	blauviolette Ähren	sonnig Boden durchlässig, leicht feucht, nährstoffreich	Zweijährig; gute Schnittblume; in Beetmitte setzen, da die Pflanzen nach dem Verblühen Lücken hinterlassen.
Dianthus caryophyllus Gartennelke	30–50 cm	VI–X	einfache rosa Blütenschalen	sonnig Boden durchlässig, nährstoffreich	Einjährig; es gibt neben niedrigeren und höheren Sorten auch Hängenelken.
Erysimum cheiri Goldlack	30–60 cm	IV–VI	weiße, rosa, rote, violettblaue Lippenblüten	sonnig Boden nährstoffreich, lehmig, kalkhaltig	Zweijährig; im Handel sind hohe Sorten mit ca. 60 cm Höhe und niedrigere um 30 cm.
Hesperis matronalis Nachtviole	60–100 cm	V–VI	violettblaue Rispen	halbschattig bis schattig Boden durchlässig, nährstoffreich, kalkhaltig	Eigentlich Wildstaude, die aber meist nur zweijährig ist; duftet nachts berauschend; schön in schattigen Rabatten und in naturhaften Gärten; die Pflanze versamt sich gut.
Lathyrus odoratus Duftwicke	20–200 cm	VI–IX	lilarosa	sonnig bis halbschattig Boden durchlässig, nährstoffreich, kalkhaltig	Einjährig; neben kletternden Sorten gibt es auch niedrige standfeste für Einfassungen und halbhohe fürs Beet.
Lobularia maritima Duftsteinrich	5–15 cm	VI–X	rot, rosa, weiß, einfach und gefüllt	sonnig Boden durchlässig, nicht zu nährstoffreich	Einjährig; anmutiger Dauerblüher für Beeteinfassungen, aber auch zwischen Rosen und Lücken im Beetvordergrund.
Lunaria annua Silberling	40–120 cm	V–VI	weiße Rispen	sonnig bis halbschattig Boden humos, leicht feucht	Zweijährig; malerisch zum Verwildern am Gehölzrand zwischen Storchschnabel und Farnen; im Herbst auffallende silbrige, talerartige Schoten, die sich trocknen lassen.
Matthiola incana Levkoje	30–90 cm	VI–IX	violette kegelförmige Blütenähren	sonnig Boden humos, leicht feucht, nährstoffreich, kalkhaltig, keine Staunässe	Einjährig; bezaubernd in Gruppen mit Schleierkraut oder als Füllpflanzen.
Reseda odorata Resede	20–60 cm	VII–IX	violettblaue Ähren	sonnig bis halbschattig Boden humos, nährstoffreich, kalkhaltig	Einjährig; nostalgische Duftpflanze; eignet sich aufgrund ihrer Farbe gut als »Lückenbüßer«; duftet auch nachts betörend.

Partnerschaftsfähig – silber- und graulaubige Pflanzen

Name	Höhe	Blütezeit	Blüte	Standort	Anmerkung
Achillea-Hybride 'Moonshine' Edelgarbe	60 cm	VI–VIII	schwefelgelbe Dolden an verzweigten Stielen	sonnig, warm Boden durchlässig, trocken, nährstoffreich	Robuste Staude mit schönem Silberlaub; passt auch mit ihrer Blütenfarbe in warm- wie kalttonige Beete.
Anaphilis triplinervis Perlkörbchen, Staudenimmortelle	25–40 cm	VII–IX	silbrig-weiße Köpfchen in doldenartigen Trauben	sonnig, heiß Boden durchlässig	Pflegeleichte Staude; schön zu Kissenastern (*Aster dumosus*), Salbei (*Salvia*), Gräsern (*Festuca, Pennisetum*).
Artemisia absinthium 'Lambrook Silver' Feinlaubiger Wermut	70 cm	VII–IX	klein, gelb, unschein- bar	sonnig Boden durchlässig, trocken	Graugrüne Staude mit fein geschlitzten Blättern, die mit der Zeit an der Basis ver- holzt; wuchert nicht, ist völlig winterhart.
Artemisia arborescens 'Powis Castle' Edelraute	50 cm	VII–IX	klein, gelb, unschein- bar	sonnig Boden durchlässig, trocken	Graugrünes, noch feiner texturiertes Laub; die üppigen Büsche eignen sich auch für den Vordergrund; Pflanze erst im Frühjahr zurückschneiden und Winterschutz geben.
Artemisia ludoviciana 'Silver Queen' Edelraute	70 cm	VI–VIII	gelblich, unscheinbar	sonnig Boden durchlässig, trocken	Silbrig längliche Blätter; die starkwüchsige Staude neigt zum Wuchern, deshalb nur in großen Beeten verwenden.
Artemisia schmidtiana 'Nana' Edelraute	25 cm	VI–VII	weiß, unscheinbar	sonnig Boden durchlässig, sandig, trocken, keine Nässe	Silbrig-feinfiedriges Laub in dichten rund- lichen Pulks, die mit der Zeit in die Breite wachsen; schön im Beetvordergrund.
Artemisia vallesiaca Walliser Wermut	40 cm	VIII–IX	gelbe Blütchen in rispi- gen Blütenständen	sonnig Boden sandig-lehmig, kalkhaltig	Grau- bis weißfilzige, feinteilige Rispen; sehr filigran wirkende Staude, die gut zu vergesellschaften ist.
Cerastium tomentosum var. columnae Filziges Hornkraut	10–15 cm	V–VI	weiß, sternförmig klein	sonnig, warm Boden durchlässig, sandig- lehmig, karg, trocken	Bildet silbergraue Teppiche; Bodendecker für trockene Plätze, Mauern, Pflasterfugen; schön mit niedrigen Glockenblumen.
Echinops ritro, E. bannaticus Kugeldistel	80–120 cm	VII–IX	blau, ballförmig	sonnig, warm Boden durchlässig, trocken, kalkhaltig	Die Blüten bleiben bis in den Winter hinein dekorativ; als Solitär geeignet; schön mit *Achillea, Cephalaris* und *Lythrum*.
Eryngium alpinum Edeldistel	60–80 cm	VII–VIII	stahlblau mit sternför- migen Hochblättern	sonnig, warm Boden trocken, sandig- kiesig, kalkhaltig	Im Winter attraktive Fruchtstände; schön zu *Gypsophila, Anaphilis, Solidago* und Gräsern wie *Molinia* und *Stipa*.

Name	Höhe	Blütezeit	Blüte	Standort	Anmerkung
Helichrysum italicum var. *serotinum* Currykraut	30–40 cm	VII–VIII	schwefelgelb	sonnig, warm Boden durchlässig, keine Nässe	Graulaubiger Halbstrauch mit geschlossener Form; immergrüner Lückenfüller und Vermittler; Winterschutz gegen Nässe.
Helichrysum petiolare 'Silberwolke' oder 'Silver' Ruhrkraut	20–25 cm	blüht nicht	keine	sonnig bis halbschattig Boden nährstoffreich, humos	Grausilbriges Laub; kann als einjährige Blattschmuckpflanze nicht nur das Balkonblumensortiment bereichern.
Helichrysum thianshanicum 'Schwefellicht' Thianschan-Immortelle	25 cm	VII–IX	schwefelgelb (die reine Art ist sonnengelb)	sonnig, warm Boden durchlässig, kiesig, nicht zu nährstoffreich	Die grauen Blätter sind weiß-wollig, kompakter Wuchs; schön zu Origanum 'Herrenhausen', Sedum telephium, Nepeta.
Lavandula angustifolia Lavendel	30–60 cm	VI–VIII	blauviolette Ähren	sonnig, warm Boden trocken, durchlässig, kalkhaltig, kiesig	Immergrüner grauer Halbstrauch; auch weiße und rosa Sorten; passt zu fast allen Sonnenstauden; klassischer Rosenbegleiter.
Lychnis coronaria Vexiernelke	50 cm	VI–VII	leuchtend karminrot	sonnig Boden durchlässig, humos nicht zu feucht	Staude mit weißgrau-filzigen Trieben und Blättern; auch weiße Sorte 'Alba'; schön zu Rittersporn, Salbei und Sommermargeriten.
Nepeta x faassenii Katzenminze	20–60 cm	VI–IX	violettblaue Rispen	sonnig, warm Boden durchlässig, trocken, keinesfalls schwer, nass	Graugrüne Triebe nach erster Blüte im Juli auf die Hälfte einkürzen, das fördert den kompakten Wuchs; auch weiße Sorten; schön für Einfassungen, Mauern, Rosen.
Perovskia atriplicifolia *Perovskia abrotanoides* Perovskie	70–120 cm	VIII–IX	violette kleine Lippenblüten in Scheinähren	sonnig Boden durchlässig, mineralisch, nicht nass	Silbriger Halbstrauch mit hohen filigranen Blüten; sehr schön zu creme- und lachsfarbenen Rosen; Rückschnitt im Frühjahr.
Pseudolysimachion spicatum ssp. *incanum* Silbergrauer Ehrenpreis	20–40 cm	VI–VIII	dunkelblau	sonnig Boden durchlässig, eher trocken, nährstoffarm	Staude bildet dichte, silberne Blattteppiche; schön zu Karpatenglockenblume und Gräsern wie *Helictotrichon* und *Festuca*.
Salvia argentea Silberblatt-Salbei	120 cm	VII	weiß	sonnig Boden humos, durchlässig, kalkhaltig	Stark behaarte silberweiße Blätter; kurzlebige meist nur zweijährige Staude; sehr dekorative Begleitpflanze.
Stachys byzantina **Wollziest**	30 cm	VII–VIII	blaßrosa, unscheinbar	sonnig, warm Boden durchlässig, trocken, nährstoffarm	Silberwollige Staude, die Teppiche bildet; schön im Vordergrund von Rabatten; für Mauern, Stein- und Steppengarten.

Weiterführende Literatur

Andreas Bärtels, *Gartengehölze, Bäume und Sträucher für mitteleuropäische und mediterrane Gärten,* Stuttgart 1991, 3. Auflage

Jill Billington / Clive Nichols, *Wo eins zum andern passt, Gartenpflanzen gekonnt kombinieren,* Hildesheim 1999

Richard Bisgrove, *Der Blumen-Garten,* München 1995

Wolfgang Borchardt, *Gärten anlegen,* Augsburg 1999

Wolfgang Borchardt, Pflanzenkompositionen, *Die Kunst der Pflanzenverwendung,* Stuttgart 1998

Jane Brown, *Der moderne Garten, Gartengeschichte des 20. Jahrhunderts,* Stuttgart 2002

Margarete Bruns, *Das Rätsel Farbe, Materie und Mythos,* Stuttgart 2001, 3. Auflage

Karl Foerster, *Einzug der Gräser und Farne in die Gärten,* Stuttgart 1988, 7. Auflage

Karl Foerster, *Neuer Glanz des Gartenjahres,* Radebeul 1991, 9. Auflage

John Gage, *Kulturgeschichte der Farbe,* Ravensburg 1997

Valentin Hammerschmidt / Joachim Wilke, *Die Entdeckung der Landschaft, Englische Gärten des 18. Jahrhunderts,* Stuttgart 1990

Richard Hansen / Friedrich Stahl, *Die Stauden und ihre Lebensbereiche in Gärten und Grünanlagen,* Stuttgart 1990, 4. Auflage

Bernd Hertle / Peter Kiermeier / Marion Nickig, *Gartenblumen,* München 1993

Penelope Hobhouse, *Die Kunst der Gartengestaltung,* Köln 1989

Penelope Hobhouse, *Pflanzen in ihren Lebensbereichen,* Stuttgart 1999

Penelope Hobhouse, *Die schönsten Blumengärten,* Stuttgart 1992

Penelope Hobhouse, *Farbe im Garten,* Stuttgart 1997

Penelope Hobhouse, *Illustrierte Geschichte der Gartenpflanzen vom alten Ägypten bis heute,* Bern, München, Wien 1999

Gertrude Jekyll, *Colour Schemes For The Flower Garden,* London 1988

Gertrude Jekyll, *The Gardener's Essential,* Jaffrey, New Hampshire, 1986

Leo Jelitto / Wilhelm Schacht / Alfred Fessler, *Die Freiland-Schmuckstauden,* Stuttgart 1990, 4. Auflage

Peter Kiermeier, *Pflanzliche Strukturen,* in: Gartenpraxis, 7/1997, S. 36–41

Peter Kiermeier, *Pflanzliche Texturen,* in: Gartenpraxis, 8/1997, S.44–48

Fritz Köhlein, *Das große Buch der Steingartenpflanzen,* Stuttgart 1994

Mark Laird, *Der formale Garten,* Stuttgart 1994

Christopher Lloyd, *Faszination Farbe im Garten,* München 2002

Günter Mader / Laila Neubert-Mader, *Italienische Gärten,* Stuttgart 1989, 2. Auflage

Günter Mader / Laila Neubert-Mader, *Der architektonische Garten in England,* Stuttgart 1992

Piet Oudolf / Noel Kingsbury, *Neues Gartendesign mit Stauden und Gräsern,* Stuttgart 2000

Anna Pavord, *Garten-Gestaltung. Die 60 schönsten Pflanzpläne,* München 1995

Filippo Pizzoni, *Kunst und Geschichte des Gartens. Vom Mittelalter bis zur Gegenwart,* Stuttgart 1999

Nori und Sandra Pope, *Gärten in Weiß, Gelb, Rot oder Blau, Effektvolle Farbklänge für den eigenen Garten,* München 1999

William Robinson, *The English Flower Garden And Home Grounds,* London 1996

Rosemary Verey, *Formen und Farben im Garten,* Ravensburg 1991

Gartenverzeichnis

Der besondere Dank des Fotografen gilt seiner Ehefrau Doris Schlaback-Becker für die kreative Beratung und moralische Unterstüzung bei der Arbeit an diesem Buch.
Fotograf, Autorin und Verlag danken zudem folgenden Gartenbesitzern, Gartengestaltern, Einrichtungen und Firmen für ihre Mitarbeit und Hilfe :

Bibliografische Information Der Deutschen Bibliothek
Die Deutsche Bibliothek verzeichnet diese Publikation
in der Deutschen Nationalbibliografie; detaillierte
bibliografische Daten sind im Internet über
<http://dnb.ddb.de> abrufbar.

© 2003 Deutsche Verlags-Anstalt GmbH,
Stuttgart München
Alle Rechte vorbehalten
Umschlagentwurf:
Theodor Bayer-Eynck, Coesfeld
Gestaltung: Monika Pitterle
Zeichnungen: Reinhild Hofmann, München
Lithographie: reproteam siefert, Ulm
Druck und Bindung: Fotolito Longo, Bozen
Printed in Italy

ISBN 3-421-03427-3